未来の教育設計図

AI時代にこそ「生命知」を羅針盤に

大迫弘和／松田雄馬
Osako Hirokazu　Matsuda Yuma

日本標準

序として

日本のこれからの教育のあり方に関心がある方々に読んでいただきたくてこの本を書きました。

松田雄馬さんという人工知能（ＡＩ）の研究者がいらっしゃいます。まさに新進気鋭という言葉がぴったりの研究者です。私（大迫）は松田さんと二人で、教育に関する「合わせ技一本」のような本を書きたいと思いました。なぜなら松田さんの書いていらっしゃるＡＩに関する科学書には人間的な温かみがあふれていたからです。

松田さんと私は多くの点で異なっています。二人は異なる専門性をもち（松田さんはＡＩの研究者で、私は詩人の仕事をかたわらに置きながら教育の仕事をしています）、異なる年代で（わかりやすく松田さんは１９８２年生まれで、私は１９５３年生まれです）、異なる日本語を話します（松田さんは関西弁で、私は東京の言葉を話します）。しかしそのようなさまざまな異なりを越え二人には大きな共通点があります。それは人間のもつ可能性を信じていることです。

今、私たちは期待と不安が交錯したＡＩ時代を迎えています。それゆえに教育の世界もさまざまな課題と向き合っていますが、二人の「人間の可能性を信じている」という共通点は、それらの課題の根本に立ち向かおうという、ある意味同志的な結合を生み出しました。松田さんは人間のもつ可能性に関連して、ＡＩの観点から、人間の生命（いのち）そのものがもつ知、すなわち「生命知」というものを私に提示してくださいました。そして私は、読者のみなさんにとっては聞き慣れないだろうその「生命知」という言葉に、これからの教育を思惟《しい》するための大きなヒントを得たのでした。私は同志松田さんとより深く取り結ばれ、この本を二人で書き進めることにしたのです。本書のなかで「生命知」とはどのようなものかを明らかにしていきますが、まず私の言葉で、私の教育という専門性のなかで、少しだけ説明をしておきたいと思います（松田さんの言葉による、松田さんの専門性にもとづく「生命知」に関する精緻な説明は第１章でお読みいただけます）。

「生命知」とは「『生命体』が生きていくためにもつ『知』であり、それは精神、身体、もしくは分別不可能な何かから信号、記号、そして力として常に絶え間なく表出されるもの」です。それはすべての生命体（人間だけではなくすべての生物、そして地球も）がもともともっているものです。ただもっていたとしても、場合によってはそれが十分に発揮されない、極端なケースではそれが潰《つぶ》されてしまっている（たとえば教育によって）ことがあります。しかし私たち人間は本来生命体としてもっている「生命知」を十分に発揮できる状態のなかにあってはじめて人間らしい生き方ができます。すべての生命体は生きていくために「生命知」の表出が必要なのです。

それでは「生命知」とは具体的にはどんな形で表出されるのでしょうか。人間の場合を考えてみますと、学力とか身体能力とか現在の学校教育のなかで形が見えるものがあります。と同時に、たとえば喜びとか悲しみとか叫びとかといった感情的なものも、生きていくために生命体が「生命知」として内蔵しているものといえます。またそれは芸術表現や、そのほかのあらゆる創造物を生み出します。さらに生命体は個では生きていけないのですから、生きていくために他者（他の生命体）とのつながりを求めます。自己の生命を紡ぐのに他の生命が必要なのです。他の生命体と共にあることにより自己の生命を紡ぐことができる。このような他の生命体とのつながり（一般的な言葉だとコミュニケーション）を求めるのも「生命知」の表れの一つといえます。

生命体が生きていくために必要とするものをさらに数えあげていくことは可能でしょう。その作業はできたらこの本の読者のみなさんとこれから一緒にやっていけたらすばらしいなと思っています。

現在、学校現場ではデジタルをいかに教育に取り込んでいくか、いわば学校教育のDX（デジタルトランスフォーメーション）、デジタルによる教育の変容が喫緊の課題の一つとなっています。先生方はそのことに悪戦苦闘の日々を過ごしています。目の前の子どもたちのために差し迫ってやらなければならないことがほかにもたくさんあるのに、といった先生方のため息も聞こえてきます。そしてそのような時だからこそＡＩの研究者であり、かつ教育にも深い関心をもちすでに具体的なアクションも取っている松田さんとのコラボレーションを実現したいと思いました。デジタルの最先端にいる方と共に教育の未来について考えてみたいと思ったのです。本書のタイトル『未来の教育設計図――ＡＩ時代にこそ「生命知」を羅針盤に』には、子どもたち一人ひとりが、日々、それぞれの生命（いのち）があふれ出すように生きてほしいという松田さんと私の願いがこめられています。本書はＡＩ研究者である松田さんと、教育者大迫による、「生命知」を軸にした未来の教育に向けた提言書です。

日本のこれからの教育のあり方に関心がある方々に読んでいただきたくて、と書きましたが、それは実際に先生という仕事をしている方々であり、その仕事を目指す若者たちであり、教育という分野に何らかの形で関わっている方々であり、そのような人たちにとってのヒントや光や羅針盤がこの本の中にあればと願います。もちろん、子育て中のお母さん、お父さん、お孫さんの将来を案ずる高齢者のみなさん、ビジネスマンやアーティスト、いろいろな方々にこの本を手に取っていただけたら、この本の生命（いのち）が輝きます。

世界の平和を祈りながら、この本のページをめくっていただけますなら何よりです。

2022年7月5日

大迫弘和

未来の教育設計図――AI時代にこそ「生命知」を羅針盤に　もくじ

第2章

「生命知」と教育

大迫弘和 71

4 二つの原体験　116

5 ART! ART! ART!　150

第3章

AI時代にこそ必要な「未来の教育設計図」

第1章

今なぜ「生命知」なのか

松田雄馬

ＡＩ時代に
子どもたちに必要な学びとは
何だろうか

はじめに――生命（いのち）を知らずしてＡＩ時代の教育なし

私は普段、ＡＩ（人工知能）を専門に研究活動を行いながら、小学生をはじめとする多くの子どもたちに、ＡＩや科学技術の楽しさを伝える科学コミュニケーション活動を行っています。そうしたなかで、教育現場での先進的な取り組みを行っている大迫弘和さんに、一緒に未来の教育について考えてくれないかというご相談をいただいたのは、とてもうれしい出来事でした。

私の専門であるＡＩを研究するということは、人工的に「知能」をつくり出すということです。そのためには、人間の知能への理解が欠かせません。脳科学などの専門家はもちろんのこと、人間の成長や発達についてよく知る教育現場の先生方とも頻繁に意見交換をしています。ＡＩ研究者をはじめ、人間の知能に関わる研究者のなかには、教育現場の状況を考えずに、軽々しく「教育はこうあるべき」などという持論を展開する人が少なくありません。私は、そうした現場を知らずに理想論を語る人たちに対し、大きな違和感を抱いていました。

そのような理由から、私は、研究者という立場でありながら、実験教室を開いたり、出前授業を行ったりなどの形で、小学校などの学校現場で、子どもたちとの交流を大事にしてきました。ＡＩ研究の最前線と、教育現場、そして、ＡＩ研究を社会に送り出すビジネスの現場という、三つの現場を行き来するなかで、私は、未来の社会に対する確たる結論に至りました。それは、ＡＩやデジタル・テクノロジーといわれる最先端の科学技術がますます世の中に広がっていく「ＡＩ時代」のなかで、最も大事なことは、人間を理解することだということです。

さて、「人間を理解する」と聞くと、これまで学校教育で大事にされてきたことと変わらないように聞こえるかもしれません。たしかにそれは、間違っていません。ところが、ＡＩ時代といわれる変化の激しい現代社会のなかで、「人間とは何か」が大きく揺らいでいます。別の言葉で表現するならば、人間社会の未来、すなわち、人間が向かう先に対して、羅針盤を失っているのです。

今、世界は、各地で起こる紛争や、経済格差からくる食糧危機、そして、地球温暖化に代表される、地球環境そのものの持続可能性の問題など、さまざまな社会問題であふれかえっています。そうした社会問題の解決に向けて、大きく二つの可能性が考えられています。その一つは、新しい科学技術（テクノロジー）を発明することで問題を解決しようとするものです。この考え方は、テクノロジーさえ進歩すればよいという考え方にも聞こえてしまうことから、「テクノ・ユートピア」などと呼ばれています。実際、多くの社会問題は、人間がテクノロジーを発達させすぎてしまったことが原因のようにも見え、それらすべてをテクノロジーが解決するということは、にわかに信じがたい気がします。そこで、これに真っ向から対立する、社会問題を解決するもう一つの考え方として「脱資本主義」というものがあります。

脱資本主義という考え方は、世界で起こっている社会問題は、人間がテクノロジーを発達させすぎたことが原因で起きたのであって、その根本原因は、テクノロジーを発達させて富を得る資本主義の競争社会にあるとするものです。脱資本主義は、競争社会を否定し、誰もが地球という資源を共有することで、等しく豊かになるべきだとする、ある意味での理想郷（ユートピア）ともいえます。ですが、実際のところ、100年前にそうした理想郷を掲げた世界で最初の共産主義国であるソビエト連邦は1991年に崩壊しました。世界史の教科書でも学ぶ通り、競争のない社会では、努力してもしなくても稼げるお金も住む場所も変わらないため、誰もが努力をしなくなってしまい、国家が維持できなくなってしまったのです。

こうした背景があるなかで、私たち人間は、何を羅針盤とし、どこに向かうのが正しいのでしょうか。テクノロジーを学び、テクノロジーこそが社会問題を解決すると信じるべきなのでしょうか。それとも、人間がこれまで競争社会のなかで築き上げてきた文明をも否定し、自然に戻るべきなのでしょうか。私は、これまで出版してきた本のなかで、「生命知」こそ、人間が大事にすべき考え方であり、人間が羅針盤にすべきものだと主張してきました。

生命知とは、人間が生きているなかで発揮する「知」であり、人間は、生命知を発揮し続けることによってこそ、社会課題をも解決する知恵が生まれ、その結果として、多くの幸福がもたらされます。お金や環境資源には限界がありますが、知恵には限界がありません。限界がない、と聞くと、まるで「大和魂」のような精神論に聞こえてしまうかもしれませんが、生命知とはそうしたものとは根本的に異なります。人間の知能を理解し、コンピューティング・システムとして実現しようとするＡＩ研究のなかで生まれたものであり、生命知の理解は、コンピュータ、すなわちデジタル・テクノロジーの限界をも明らかにします。これによって、人間とデジタル・テクノロジーがどのように手を取り合い、どのように共に成長すべきかが明らかになるのです。

私たち人間は、生命を宿しています。私たちの細胞は、お互いに役割を分担し合い、資源を分け合い、弱みを補い合うことで、その場その場で、最良の生き方を生み出します。アメーバ状の生き物である「変形菌」といわれる菌類は、その場にいる全員が一斉に餌に向かっていくのではなく、餌に近いものが遠いものに栄養を分け合い、しだいに全員に栄養が行き渡るように、その姿を変えていきます。餌が見つかったり見つからなかったり、敵が現れたり、急に大気が乾燥したり、寒暖が変化したりなど、生命のおかれている環境は、常に変化を繰り返しています。そうした環境の変化という絶えず判断を迫られる生きるか死ぬかの真剣勝負のなかで、瞬間的に体を制御する情報を創出する知の原理こそが生命知であると、この言葉を生み出した東京大学名誉教授の清水博先生は説明します（『生命知としての場の論理』中公新書）。興味深いことに、生命知が発揮されればされるほど、自ずと主体性が発揮されます。こうした生命知に支えられた生命（いのち）は、その存在そのものを持続させる能動的な活（はたら）きそのものであると、清水先生は説明します（『〈いのち〉の自己組織』東京大学出版会）。生命知は、生命（いのち）を大事にしながら、知を無限に発揮し、生きていくという、私たち人間本来の生き方を教えます。

こうした生命知に関することを大迫さんにお話ししたところ、「これこそが今の時代に必要な教育論だ」というご感想をいただきました。私自身は、生命知は、ＡＩ時代ともいわれる現代社会にこそ必要な考え方だと感じ、生命知にもとづくＡＩ研究、そして、社会への働きかけを行っていたことから、教育者である大迫さんの心に火をつけることができたことは、とても強い味方を得た想いでした。

大迫さんは、私の故郷である大阪で、国際的な探究教育を推進する国際バカロレア（IB）という教育の仕組みを取り入れていた千里国際学園中等部高等部（現関西学院千里国際中等部高等部）の校長／学園長を務められたことから、今では、日本の探究的な学びに関する重要な役割を担っていらっしゃいます。そんな大迫さんだからこそ、探究的な学びをよりいっそう深めるために、生命知という考え方の重要性に気づかれたのはとても自然なことだったのではないかと、私は感じています。大迫さんが出版されていらっしゃる詩集『定義以前』では、「こころ」と「いのち」との関係が、対話形式で表現され、生命知に通じる考え方が読み解けます。

ここからは、AI研究者である私が、教育者である大迫さんにお伝えしたお話を下敷きにして、これからの社会の、そして、社会を生きる私たちの未来に対するメッセージをお伝えします。そこには、未来を担う子どもたちの学びに対するヒントが詰まっているはずです。そのお話を受けて、第2章では、大迫さんに、これからの時代の教育のあり方を考えていただきます。第3章では、大迫さんと私の合作として、これからの時代の教育に対する提言をまとめていきたいと思います。教育に対する考え方は、子どもたちの数だけあり、何か一つに絞ることはできません。しかしながら、ＡＩ時代ともいわれ、これまでの常識が通用しなくなってきた今、その羅針盤となるものが必要です。私がこれまで探究してきた生命知は、その大きな柱となるはずです。生命知を読み解きながら、子どもたち一人ひとりの現状を踏まえ、未来を描くことができたならば、それこそが、未来の教育に対する「設計図」となるはずです。

1 「生命知」ってなに？ ＡＩ時代にこそ必要な教育、そして、生き方論

ＡＩにはできない「生きる」というアタリマエ

私が行っているＡＩ研究は、日本語では「人工知能」です。私は、人間の知能、つまり、「脳を理解し、それを人工的に作る」という目標を目指して研究しています。「脳を作る」と聞くと、とんでもない研究をしているように聞こえるかもしれませんが、実は、そうではありません。人間の脳は、実はわからないことだらけです。たとえば、今、み

なさんが腰かけているような椅子に座ることですら、ＡＩには簡単なことではありません。椅子に座ると聞くと、当たり前のように思えるかもしれませんが、ＡＩが椅子に座ろうとすると、椅子の大きさがどれくらいで、自分の位置とどれくらいの距離があって、座るためにはどの角度にどれだけ足をあげて、その間には腰をどれだけ動かして……というあらゆる気の遠くなるような計算を、時間をかけて行う必要があります。ですが、私たちが椅子に座ろうとするとき、そんなことをわざわざ考えませんよね。椅子に座るなんてことを気にかけることすらせず、「いつの間にか座っている」くらい、私たちにとってはアタリマエのことなのではないでしょうか。こうした、私たちにとってアタリマエと思える感覚は、私たちにカラダがあって、生きているからこそ生まれるものです。

私たちのカラダは、普段、何気なく生活していると気づきにくいのですが、実は、60兆もの細胞からできています。そして、それらの細胞が一緒に働くことで、座ったり、立ったり、歩いたりという動作や、笑ったり泣いたりといった感覚や、考えたり分析したりといった思考を実現しています。たくさんの細胞をもつ生物は、そうした複雑な活動を、生きていくなかでアタリマエのように実現しています。生きるということは、アタリマエのように見えて、とても賢い、知的な活動なのです。そうした、生き物が「生きている」からこそ発揮される「知」、すなわち生き物ならではの賢さを、「生命知」と

います。

　生き物ならではの賢さである生命知は、私たち生き物にとってはアタリマエに思えるものばかりですが、ＡＩにとっては難しいことばかりです。そうした、私たちにとってのアタリマエである生命知が、ＡＩにとってもアタリマエになったら、私たちはＡＩともっと仲良くなれるのではないでしょうか。私は、そういったことを考えながら、ＡＩの研究をしています。

　さて、ＡＩには難しい、私たちにとってのアタリマエの代表ともいえるものが、実は、「生きる」ということです。読者のみなさんは、「生きるって、どういうこと？」と改めて聞かれたとして、答えることはできるでしょうか。そもそも何を答えればよいのかすらわからないくらい「生きる」ということは漠然としすぎていて、よくわからないものに感じられます。「生きる」とはどういうことかなど、小難しいことを考えなくても、私たちはみんな生きています。ところが、生きているもの、すなわち生物を人工的に作ることは、世界中の科学者が束になってもできないくらいに、難しいことなのです。

　生きているもの、すなわち、生物を作ることがなぜ難しいのでしょうか。たとえば、私たちは、昨日のことも、1年前のことも、同じ「自分」の記憶として思い出します。ところが、今日の自分と昨日の自分、そして、1年前の自分は、まったく「別物」といっていいほどの違いがあります。私たちは毎日、食事で栄養を取っています。それらの栄養が新しい細胞を作り、自分になります。そして、1か月も経てば体の中の物質は、90パーセントが入れ替わってしまうといわれています。過去の自分と今の自分は、物質として見たときには、まったく「別物」なのです。それにもかかわらず、過去の自分と今の自分は「同じ自分」と思えるということは、実に不思議なことなのです。

過去の自分と今の自分が同じ自分と思えることを、科学者たちは「川の流れの中にできる渦のようなもの」とたとえることがあります。川の流れを見ていると、そこにできる渦は少しずつ大きくなったり小さくなったりしながらもその形をとどめます。渦を形作る水という物質そのものは常に入れ替わりながらも、その形を保ち続ける様子は、まさに、「自分」というものを保ち続ける私たち生命のようなものです。少し難しい言葉を使うと、生命がもつ渦のような構造は「散逸構造」と呼ばれ、数式から生まれる渦は「リミット・サイクル」と呼ばれます。リミット・サイクルをもつことで、少しくらい形が変わってもまたもとに戻ろうとする、やじろべえのような性質が生まれるのです。

「生きる」こととブロック玩具

読者のみなさんは、プラスチック製のブロック玩具で遊んだ経験はあるでしょうか。

小さなブロックを重ねて、家を作ったり、街を作ったり、お城を作ったり。私たちが夢に描いた世界をブロックで実現できる、すてきなおもちゃです。このおもちゃでお城を作ろうとして、箱を開けてみるとびっくりします。細かい不思議なパーツが山のように詰め込まれているのです。これらがどのように組み立てられていくのか、最初は想像すらできず、途方に暮れてしまいます。ですが、まったく問題はありません。

ブロック玩具の箱の中をよく見ると、設計図を見つけることができます。言葉ではなく、絵で説明されたその設計図は、最初にどんなパーツをどこに配置して、次にどんなパーツをどんなふうに積み上げていくべきかが、段階的にわかるようになっています。そして、一生懸命に長い時間をかけて作られたそのお城を見ると、「この人形、ここで遊ばせてあげよう」「このパーツは、ここに配置しても面白いかも！」という発想が次々に浮かび、発想を自由自在に広げることができます。一度、お城が完成してしまえば、新しいパーツを買ってきて組み込むこともできます。ほかにどんなパーツを並べたら楽しいだろうかと、発想が広がり、胸が躍ります。最初は小さなブロックの山だったものに命が吹き込まれたかのように、自由自在に発想を広げられる「生きた」お城に生まれ変わった瞬間です。

さて、ここでみなさんに考えていただきたいことがあります。もしも設計図がなかったとしたら、最初の膨大な部品の山を使って、ここまで楽しい遊びができるでしょうか。もちろん、自由に遊ぶこと自体が楽しく、好き好きに遊ぶ子どもたちもいるでしょう。勘のいい子どもであれば、いくつかのパーツを見て、その組み合わせを発見するかもしれません。ところが、子どもたち全員が、そうした発想力や観察力をもっているわけではありません。多くの子どもたちにとっては、完成図を思い浮かべることは難しいのではないでしょうか。専門用語では、部品の性質を理解することで、完成図を思い浮かべようとする考え方を「要素還元主義」といいます。ですが、要素還元主義だけでは、完成図を描くのはとても難しいことなのです。

「生きる」ことのできない日本の教育

今、日本の教育は、ブロック玩具の箱を開けたばかりの不思議なパーツの山のような状態といえます。探究学習、深い学び、身体的な学び、プログラミング、アート……。「子どもたちの無限の可能性を奪いたくない！」といって、小学生の頃から英語やピアノや水泳などの習い事の毎日で、遊ぶ時間もないという子どもたちも少なくありません。

もちろん、幼少期の学びは、長い人生に大きな影響を与え、とても大事であるということはいうまでもありません。ですが、その学びの一つ一つは、あくまでブロック玩具のパーツ、すなわち部品にすぎません。部品があるだけでは、家も、街も、お城もできません。一つ一つの学びをどのように組み合わせ、「生きた」人生にするのがよいのか、すなわち「生き方」の設計図が必要なのです。

設計図を思い浮かべられるのは、何らかの方法で発想力や観察力を身につけた一部の子どもたちだけであり、そうした子どもたちが成長すると、自分らしさを発揮しながら生きていくことができます。ところが、ただただ学びという名の部品を詰め込まれただけの子どもたちは、設計図を思い浮かべることができず、社会のなかで置き去りにされています。置き去りにされた子どもたちが大人になり、生きづらさを感じていたとしても、社会はそうした人たちを「自己責任」といって無視してしまっています。

今、日本の教育に必要なのは、日本に古くからある学びや、新しい学びという部品を取り入れながら「生き方」そのものを設計する設計図です。一部の部品を切り出して学校という場所に押し付けて、子どもたちと向き合う先生方を苦しめることはもう終わりにして、日本の教育に必要な設計図を考えてみませんか。

2

変わり続ける時代の羅針盤は生命知にあり

なぜ今、「変化の時代」といわれるのか

今、世界は信じられないくらいのスピードで変化しています。少し思い返してください。10年前、みなさんが今使っているスマートフォンを、こんなにたくさんの人が使っていたでしょうか。今や、高齢者でもスマートフォンを使いこなして、囲碁や将棋を楽しむだけでなく、若者顔負けといったくらいに情報を検索してビジネスに生かしたり、世界中の言葉を学んで趣味の旅行をしたりといった人が増えています。しかし、スマートフォンが登場する前、インターネットやSNSの利用は、パソコンを使いこなすことができる大学生やビジネスマンなど一部の人に限られていました。ところが今や、発展途上国の農村にもスマートフォンが普及し、インターネットなしには生活が成り立たなくなってしまいました。世界は今、目まぐるしいスピードで変化し続けているのです。

このような変化の激しい時代だからこそ、学校教育にも、新しい学びが必要といって、

さまざまな試みがなされています。2019年に文部科学省が発表した「GIGAスクール構想」によって、小学生一人につき1台のパソコンが配られ、変化の激しい時代に生きていくことができるような教育を行うための仕組みがつくられようとしています。さらに、自分で情報を検索して、道を切り拓いていく力を身につけるために、探究型の教育というものも取り入れられはじめています。これまでのように知識を詰め込む教育ではなく、考える力をつけるための教育です。それ以外にも、プログラミング教育や、サイエンス・アートといった要素を大事にする教育なども始まっており、私立の学校や塾などを中心に、特色ある取り組みがなされはじめています。

これらの一つ一つは、とても重要な取り組みです。ですが、もっと大事なことは、これらは、あくまで「生きる」という大きな目標を達成するための部品だということを理解する必要があるということです。変化の時代に必要な部品は数多く考えられるかもしれません。ですが、そうした時代だからといって、ただただ部品ばかりを集めても、そこに設計図がなければ、ブロック玩具の箱を開けたときのように、期待と不安が入り混じった気持ちで混乱するばかりです。

一方、変化の時代は、「生きる」ということを、60兆もの細胞が日々協力しながら行っている私たちの生命知にとっては何ら難しいことではありません。細胞は、日によって体調のよいときもあれば悪いときもあります。たとえ一つ一つの細胞の調子が悪くても、お互いに力を補い合いながら、60兆の細胞が協力して、一人の人間の生命知を発揮します。生命知の働きを知れば、私たちが変化の時代を生きるために何を行うべきかが見えてきます。すなわち、生きるための多くの部品を組み立てる設計図は、生命知のはたらきに見いだすことができるのです。

生命知というアタリマエ、それこそが、変化の時代の羅針盤

ブロック玩具の部品の山を見て、自由自在に発想を膨らませ、お城や街を作ってしまう。そんな天才的な人たちを目の前にすると、まるで普通ではない才能の持ち主のように思ってしまいます。ですが、それは違います。一見、天才のように見える人たちには、部品をどうやって積み上げれば、お城や街というゴールに向かっていくことができるのか、その設計図が見えているのです。

ＡＩやロボットからも、私たち人間は、天才のように見えているかもしれません。ＡＩやロボットは、椅子に座ってご飯を食べたり、ノートを広げて絵を描いたり、ベッドに横になって本を読んだり、テレビを見て笑ったり泣いたりといった、私たちが毎日アタリマエのように行っていることを、プログラミングによって細かく命令してあげるこ

となしにはできないのです。ＡＩやロボットには、残念ながら、感情もなければ意思もありません。笑ったり泣いたりしているように見えるロボットも、「こういう場面では笑いの表情を作りなさい」と命令されているだけで、自分の気持ちで何かをするということはできません。「こういうときはこういう行動をしなさい」と、人間がこと細かに教え込まなければ何もできないのです。

人間には、他人から命令されなくても、自分の考えで行動し、生きていける力があります。ですが、その力を正しく理解していなければ、ＡＩやロボットのように、他人から命令されることなしには動くことができなくなってしまいます。そして、自由に発想しろといわれても、ブロック玩具の箱を開けたときのように、ただただ戸惑ってしまいます。

一方、私たちが生きていくなかでアタリマエのように感じている生命知を、正しく理解し、発揮していくことができれば、どんなに時代が変化しても、自分の力で道を切り拓いていくことができます。それはさながら、ブロック玩具の部品を目の前にして、自分が作りたいものをどのようにすれば実現できるか、その「設計図」が頭の中に広がっていることと同じです。生きるという設計図をもたずに、変化の激しい時代という大海原に放り出されてしまう子どもたちは、自由に発想できないどころか、そもそも、私たちがアタリマエに思っていることすべてができなくなります。そうした子どもたちがどうなってしまうのか、有名な実験をお話しします。

生命知をなくしてしまったゴンドラ猫

時は、およそ60年前にさかのぼります。アメリカの二人の心理学者、ヘルドとハイン(Held & Hein, 1963)は、2匹の子猫を使って、とある実験を試みました。その実験は、生まれたばかりの子猫は、どのように「ものを見る」ことができるようになるかということを探究する目的で行われました。

実は、人間もそうなのですが、赤ちゃんは、生まれたばかりの頃、目がほとんど見えません。視力にして、およそ0・002程度といわれているくらいですので、ぼやっと光が見える程度です。赤ちゃんは、お母さんに抱かれ、その温かさや息づかいを感じながら成長して、徐々に目が見えるようになって、ようやくひとり立ちできるようになるのです。

そんな生まれたばかりの子猫を2匹連れてきて、ヘルドとハインは、意地悪な実験を行いました。図1-1は、その実験の様子です。2匹の子猫たちは、装置の中で、お互いにつながれた状態です。この装置の中では、子猫たちのまわりは縦縞だけで覆われて

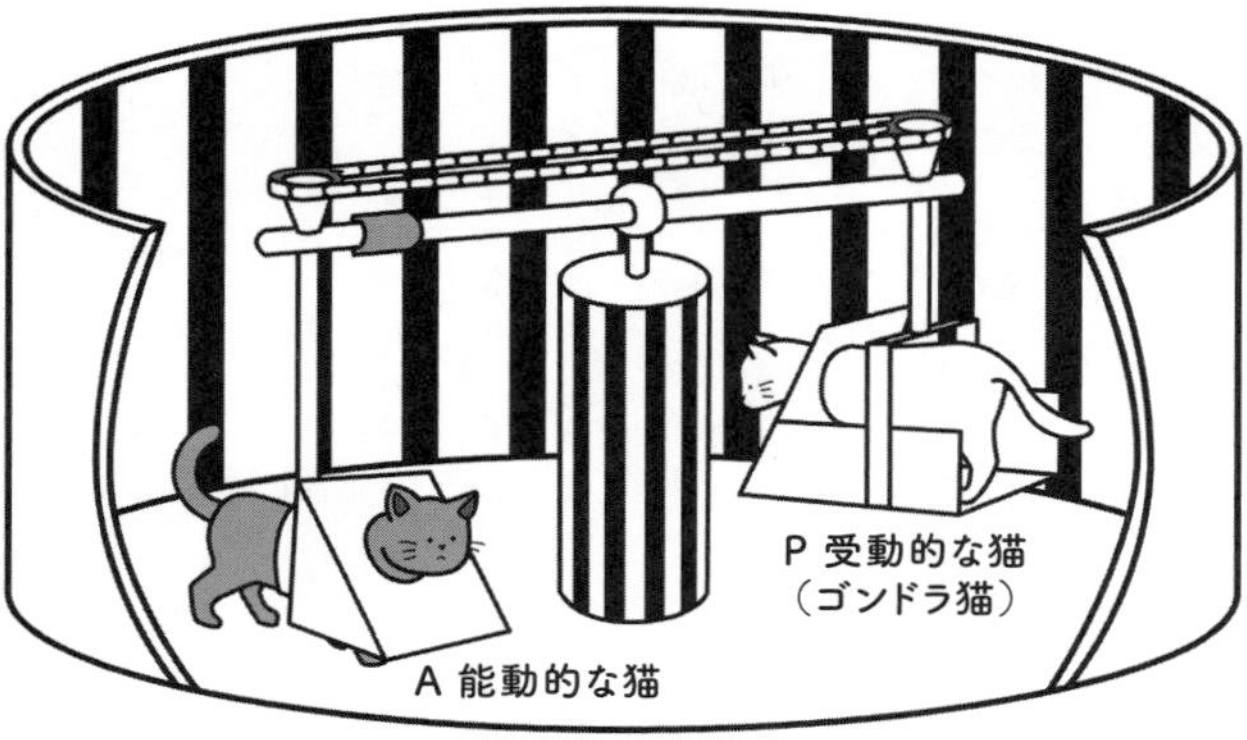

図1-1　ゴンドラ猫の実験

出典　Richard Held, Alan Hein, Movement-Produced Stimulation in the Development of Visually Guided Behavior., *Journal of Comparative and Physiological Psychology*. 56(5). pp. 872-876, 1963.をもとに作成

しまっているので、どこを見ても同じ景色です。そして、2匹は真ん中でつながれているので、片方の猫の動きと連動して、もう片方も動かされます。そして、問題はここからです。Aの猫は、自分の足で動くことができますが、もう片方のPの猫を引きずりながら歩かなければなりません。Pの猫は、ゴンドラに乗せられ、Aの猫の動きと連動して動くので、とても楽ができます。これだけを聞くと、Aの猫がかわいそうに思えるかもしれません。ところが、実際に起こったことは、その真逆なのです。

この装置から2匹を解放すると、驚くべきことがわかりました。Aのもう1匹を引きずりながら歩いていた猫は、他の子猫と同じように、アタリマエのことをアタリマエにできました。しかし、もう一方のPのゴンドラに乗せられた猫、すなわちゴンドラ猫は、「ものを見る」ことができなくなってしまいました。より正確にいうならば、ものを見ながら、自分の意思で動くことができなくなってしまったのです。

ゴンドラ猫は、ものを見ることができず、目の前のものにぶつかったり、障害物を避けられなかったり、餌を食べようとしてもうまく体をもっていけなかったりといったように、まるで何も見えていないような動きだったのです。

ゴンドラ猫は、私たちに、実に多くのことを教えてくれます。それは、私たちが、普段アタリマエのように行っている「ものを見る」ということ、そして、ものを見て動くということが、生まれた頃からすでに身についていたものではなく、自分の身体（カラダ）を使って、自分の力で動こうとしてはじめて手に入れられる力だったということです。

自分の体を動かすことによってこそ、「なるほどこれだけ踏み込むと景色はこのように動くのか」「自分のこの動きに対して近くの餌はこれだけ動くのか」「餌のにおいがこのへんでしていたが、それは、目で見えるこれのことだったのか」など、見えるものと体の動きが連動し、見たものの意味をつかむことができるようになります。

学校教育において「身体的な学び」が重要であるということがいわれています。実は、この意味は、体を通して身につけることがなければ、自分の目で見ることができないばかりか、自分の力で生きていくことができなくなるということなのです。これは、知識を教科書によって詰め込まれるだけでは自分の力として身につかず、ひいては、生きていくことができなくなるということにつながります。教科書から知識を得ることは、決して悪いことではありません。教科書には、その教科を形作った先人たちの人生そのものが詰まっています。そうした人生を、自分事として、まさに身体（カラダ）で感じることができたならば、それは生きた知識として身につき、生きる力に変えていくことができます。しかしながら、教科書の知識を、ただただ文字の羅列としてとらえるだけでは、ゴンドラ猫のように、何一つ、身になることはありません。そうした受動的な学びの先には、変化の激しい時代を生きていく設計図をもたない人生が待っています。

現代社会は、設計図なしに生きていける社会ではありません。よほどの天才でなければ、設計図なしにブロック玩具は完成しません。生き物がアタリマエのようにもつ生命知を発揮し、設計図をつくり出していくには、受動的に部品を手に入れるだけではなく、自分の足で歩く猫のように、能動的に社会と関わっていくことが何より重要なのです。

AIと比べることでわかる生命知がつくり出す設計図

能動的に社会と関わろうとせず、受動的に情報を得るだけの人は、やがて、外からの命令なしには動くことのできない人に近づいていきます。痛みも喜びもわからず、自分を生きられなくなってしまいます。今、社会のなかで試みられている学校教育の部品はどれも、能動的に社会と関わりあうことによって得られる設計図をもたないゴンドラ猫にとっては、生きるというゴールに向かう手助けにはなりません。

昨今、身体（カラダ）を用いた能動的な学びが必要であるということは、多くの学者が指摘しています。ただ、何が能動的なのか、どんなことに気をつけていけば、ゴンドラ猫とは無縁になるのかを指摘している学者はほとんどいません。そこで重要なことが、ＡＩや機械が人間とどのように違うのかという点です。とくに、ＡＩがどのように成長してきたのか、それに比べて、人間はどのように成長するのかを知ると、その違いがはっきりとわかります。そして、人間がもつ力の源泉であり、人間に、能動的に社会と関わる力を与えるのもまた、生命知です。

図１−２を見てください。ここには、ＡＩや機械と人間の成長の仕方の違いが示されています。まず、人間は、生まれたばかりの赤ちゃんの頃、ゴンドラに乗せられる前の猫のように目が見えないばかりか、身体（カラダ）を動かすこともままなりません。どこにどう力を入れると、どのように身体（カラダ）が動くのかということも、よくわからない状態です。自分ひとりの力で生きていくことは到底できません。そのなかで、お

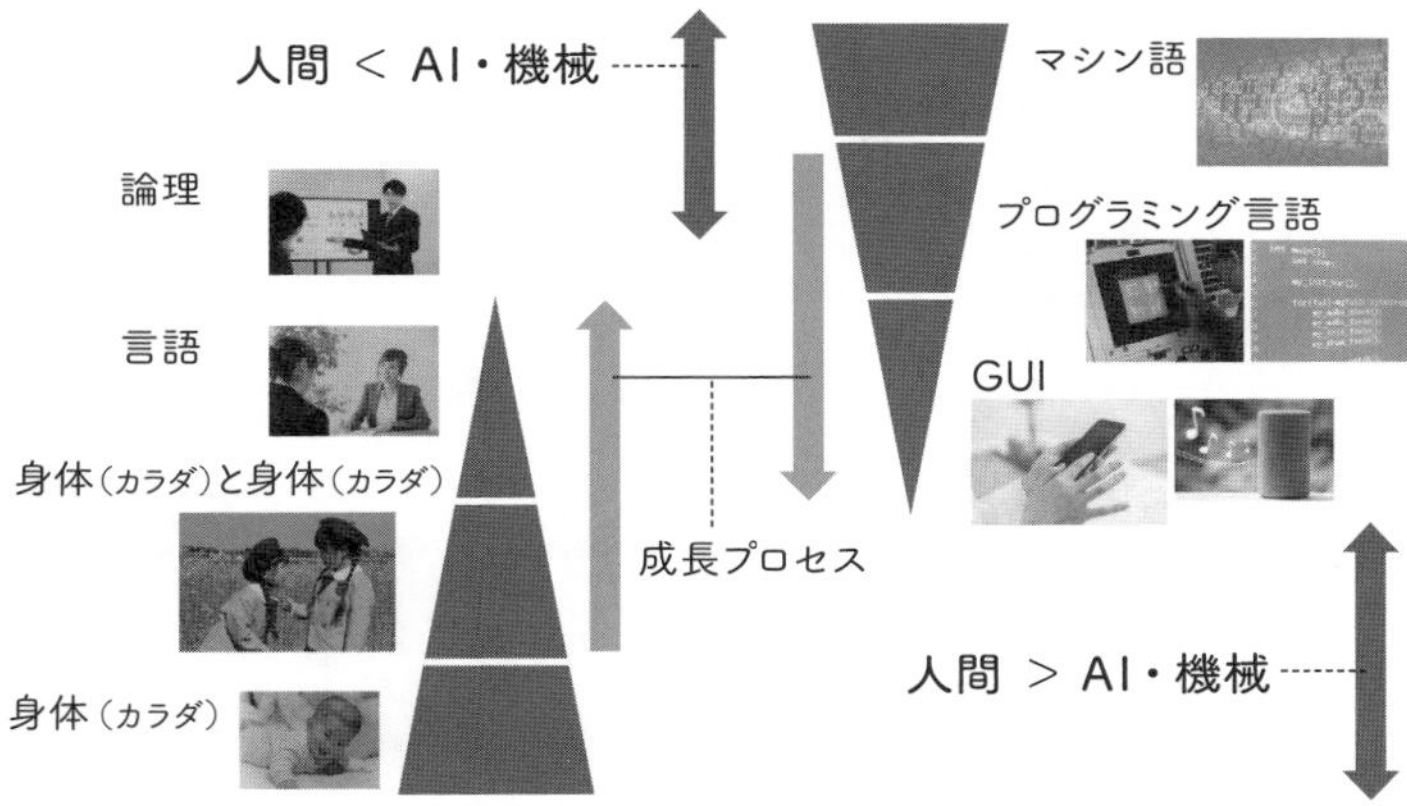

図1-2　AI・機械と人間の成長プロセスの違い

母さんやお父さんに守られながら、目と目を使った対話に始まり、身体（カラダ）を動かすことで、徐々に、対話の幅を広げていきます。赤ちゃんどうしのコミュニケーションは、言葉によるやりとりではなく、身体（カラダ）と身体（カラダ）で何かを伝え合います。やがてそこに、言葉が使われるようになり、その言葉は、次第に論理的になっていきます。そうしたなかで、次第に感情に流されない、大人のコミュニケーションができるようになっていきます。感情に流されず、論理的に話す様子は、知的に見えるかもしれません。ところが、ＡＩの立場に立ってみると、それだけでは、まったく知的とはいえません。ＡＩにできることは、論理的に計算することと「だけ」なのです。

ＡＩのはじまりは、計算機といわれる、現在の電卓のように計算だけを行うものでした。１に１を足すと必ず2が計算される電卓は、この世で最も論理的なものです。こうした計算を１秒のうちに何億回も何兆回も行うことができるのが、今、私たちが毎日使っている、パソコンやスマートフォンの中にある、「コンピュータ」といわれるものです。

コンピュータはあくまで数字を計算すること以外には何もできないのですが、プログラミング言語といわれるものが発明され、より複雑なことができるようになっていきました。たとえば、白黒の画面のどのピクセルを黒にし、どのピクセルを白にするかを計算すれば、画面で文字や絵を見せることができるようになりました。これによって、私たちが見慣れた、マウスを使ってアイコンをクリックするとソフトウェアが開き、やりたいことができるといった、パソコンの基本であるＧＵＩ（Graphical User Interface）というものが生まれました。その後、より直感的に操作できるタッチパネルを使ったスマートフォンやタブレットが登場し、声で操作できるスマートスピーカーなども誕生しました。最も論理的な数字の計算をする機械であったコンピュータは、このように、徐々に、私たちが直感的に操作できるように、少しずつ進化を遂げていったのです。

そうはいっても、コンピュータは、人間のように身体（カラダ）をもっているわけでもなく、身体（カラダ）を使って体験し、知識を自分のものとして身につけていくことができるわけではありません。どれだけ進化しても、身体（カラダ）を使って生命知を発揮し、能動的に社会と関わっていくことはできないのです。

それでは、私たち生き物が、生きていくなかでアタリマエのように発揮する、能動的に社会と関わることをも可能にする生命知の正体とは何なのでしょうか。私たちは、お母さんのおなかの中で生命として初めて誕生するとき、たった一つの細胞、すなわち、単細胞として生まれます。単細胞は、細胞分裂を繰り返して多細胞になり、少しずつ人間の形に近づいていきます。このような様子を、理科の教科書などで見たことがあるのではないでしょうか。ところが、そうした細胞分裂の様子を示した教科書には、私たちが生きるうえで何より重要な生命知が描かれていないのです。

生命知の正体は、その場その場で、関係をつくり出す力です（図1－3）。ですが、それだけでは、何のことかはわからないかもしれません。生まれたばかりの細胞の気持ちになってみましょう。細胞は、それ一つだけでは生きていくことができません。ある細胞に、栄養が届いたとします。その細胞は、栄養をひとり占めせず、平等に分け合います。わずかな栄養をみんなで分け合うことによって、お互いに支え合うことができます。そうすることで、内臓などの働きも、各自が分担し合うことができます。お互いに分け

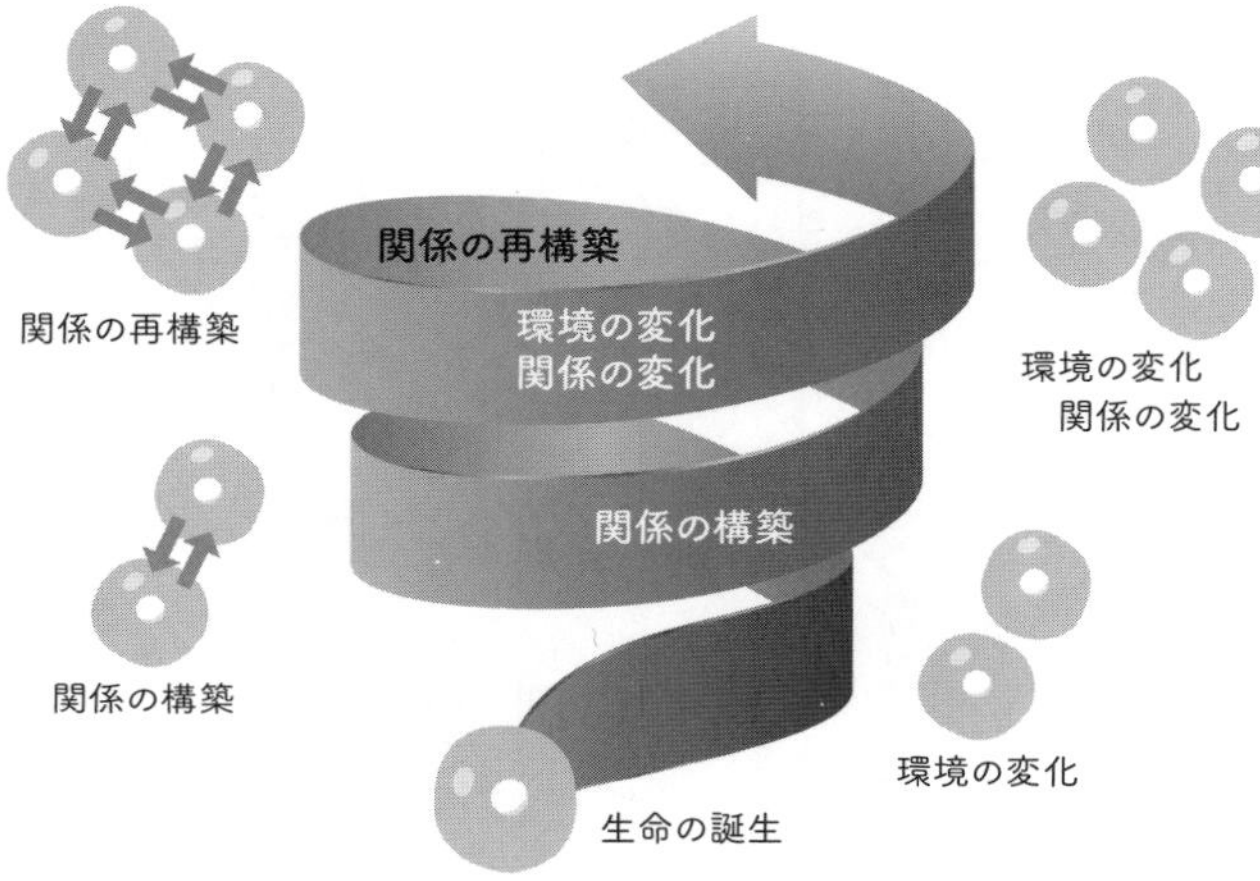

図1-3　関係をつくり出す力

合い、支え合う関係が自然に生まれることによって、細胞が増えても減っても、また、環境がどのように変化しても、その環境に適した生き方をすることができます。生まれたばかりの赤ちゃんが、身体（カラダ）を動かしながら、いつの間にか適した動き方を身につけることができるのは、このように、お互いに支え合う関係をつくり出す生命知が発揮されるからこそなのです。自分の力で身体（カラダ）を動かそうとする能動的な意思を奪われたゴンドラ猫は、身体（カラダ）中の細胞がお互いに支え合うことができなくなり、生命知が発揮できなくなってしまったのです。そして、その結果、自分の力でものを見て、生きていく力を奪われてしまったのです。

ゴンドラ猫にとっては、細胞の一つ一つは、箱を開けたばかりのブロック玩具の部品と同じように感じられるのかもしれません。お互いに支え合う生命知の力を知らないゴンドラ猫は、そうした部品を組み立てる設計図をもつことができず、うまくものを見て動くことができなくなってしまったのでしょう。設計図をもたないゴンドラ猫は、部品を組み立てることができません。しかし、能動的な意思をもち、生命知があふれ出せば、そうした部品を自在に組み立てることができます。

生命知がつくり出す設計図は、学校や教育の仕組みそのものを変えてしまいます。想像してみてください。設計図をもって自由自在に部品を組み立てられる先生と、組み立てられる生徒たちがいれば、学校には何が起こるでしょうか。お互いに支え合い、助け合う先生や生徒たちのもとに、タブレットや新しい学習グッズが配られれば、そうした助け合いのなかで、次々に、体験から学びを得る創意工夫が生まれることでしょう。ばらばらの部品が無造作に積まれるのではなく、それぞれの部品がつながっていく学びの環境が生まれれば、翌日には忘れ去ってしまう無意味な一夜漬けの生徒たちの勉強も、次々に積み上がる先生方の雑務もなくなり、保護者や地域の人々を巻き込んだ学びの環境が実現するはずです。

3

生命知が教えるAI時代の未来の描き方

生命知なきテック遊びを乗り越え、生命知あふれるデジタルへ

ＡＩ時代といわれる現代社会こそ、生命知が活躍する時代です。ＡＩは、人間の知能をコンピュータによって実現しようとして発展してきました。そして、人間の知能を実現しようとした試みは、デジタル・テクノロジーと呼ばれるさまざまな科学技術（テクノロジー）を生み出しました。

１９５０年代から60年代にかけて、最初のコンピュータが生まれた頃、世界中の研究者が、人間の知能を超えるＡＩの実現に躍起になっていました。そんななか、ＭＩＴ（マサチューセッツ工科大学）で音響心理学という、人間が音を聴く仕組みを研究していたＪ・Ｃ・Ｒ・リックライダーという研究者は、人間の知能を超える研究よりも、人間とコンピュータが共生できる研究を行うべきだと唱えはじめました。彼は、蜂がイチジクの花粉を媒介する様子を見て、人間とコンピュータの共生関係を考えはじめました。そして、

今のインターネットのはじまりである、ＡＲＰＡネットというスタンフォード大学などの大学を拠点とするネットワークの間で通信を行う仕組みをつくり上げたのです。

リックライダーの、人間とコンピュータの共生という考え方は、多くの研究者に影響を与えました。彼の後継者であるアイバン・サザーランドという研究者は、誰もが画面を使って直観的にコンピュータを操作できるSketchpadというシステムを開発しました。これによって、今、私たちが当然のように使っている、パソコンの画面の中でアイコンをクリックして移動したりコピーしたりといった画面操作という考え方が生まれたのです。そして、サザーランドの弟子にあたるアラン・ケイは、子どもでも持ち運べる手軽なパーソナル・コンピュータ「ダイナブック（Dynabook）」を考案しました。その試作品を視察したスティーブ・ジョブズが、「マッキントッシュ（Macintosh）」を開発し、その後、私たちが目にしているパソコンやスマートフォンが普及していったのです。

今、世界では、リックライダーが提唱した「人間とコンピュータの共生」という考え方から生まれたデジタル・テクノロジーによって、新しい取り組みが次々に行われています。これは、教育の分野でも同じです。たとえば、教科書をデジタル化して、タブレットだけで学べるようにしたり、教え方の上手な先生の動画を見て学べるようにしたり、苦手な問題だけをＡＩなどが判断して集中的に勉強させてくれたりといった取り組みです。こうした取り組みによって、紙の教科書を持ち運ぶ必要がなくなったり、苦手を克服して効率よく成績を上げたりすることができるかもしれません。そうした教育（Education）の分野にデジタル・テクノロジー（Tech）を導入することを、この二つの用語をかけあわせて、エドテック（EdTech）などと呼ぶことがあります。ですが、私は、今のままのエドテックは、問題だらけだと思っています。

デジタル・テクノロジーは、一度触れると楽しいので、ほかの人にも広めて使ってもらいたくなります。自分で作ったプログラムが思い通りに動くと、まるで、自分は何もしていないのに働いてくれる魔法を手にしたようにも感じてしまいます。そして、自分が作ったプログラムを誰かが使ってくれる瞬間は、もっと楽しいものです。自分の知らないところで自分のプログラムを使う人たちが次々に増え、知らない人から「ありがとう」といわれる感覚は、何物にもたとえがたい喜びです。こうした感覚を味わってしまうと、まるで世界中のみんなが自分のプログラムを使ってくれるような錯覚に陥ります。そして、それに不満を感じる人たちを置き去りにしてしまうのです。

こうした錯覚は、エドテックの分野に大きな影響を与えていると私は感じています。実際にエドテックを調べてみると、その取り組みは大きく偏ってしまっています。図1-4は、私がエドテックについて調査したものです。横軸に学校教育のプロセスを、縦

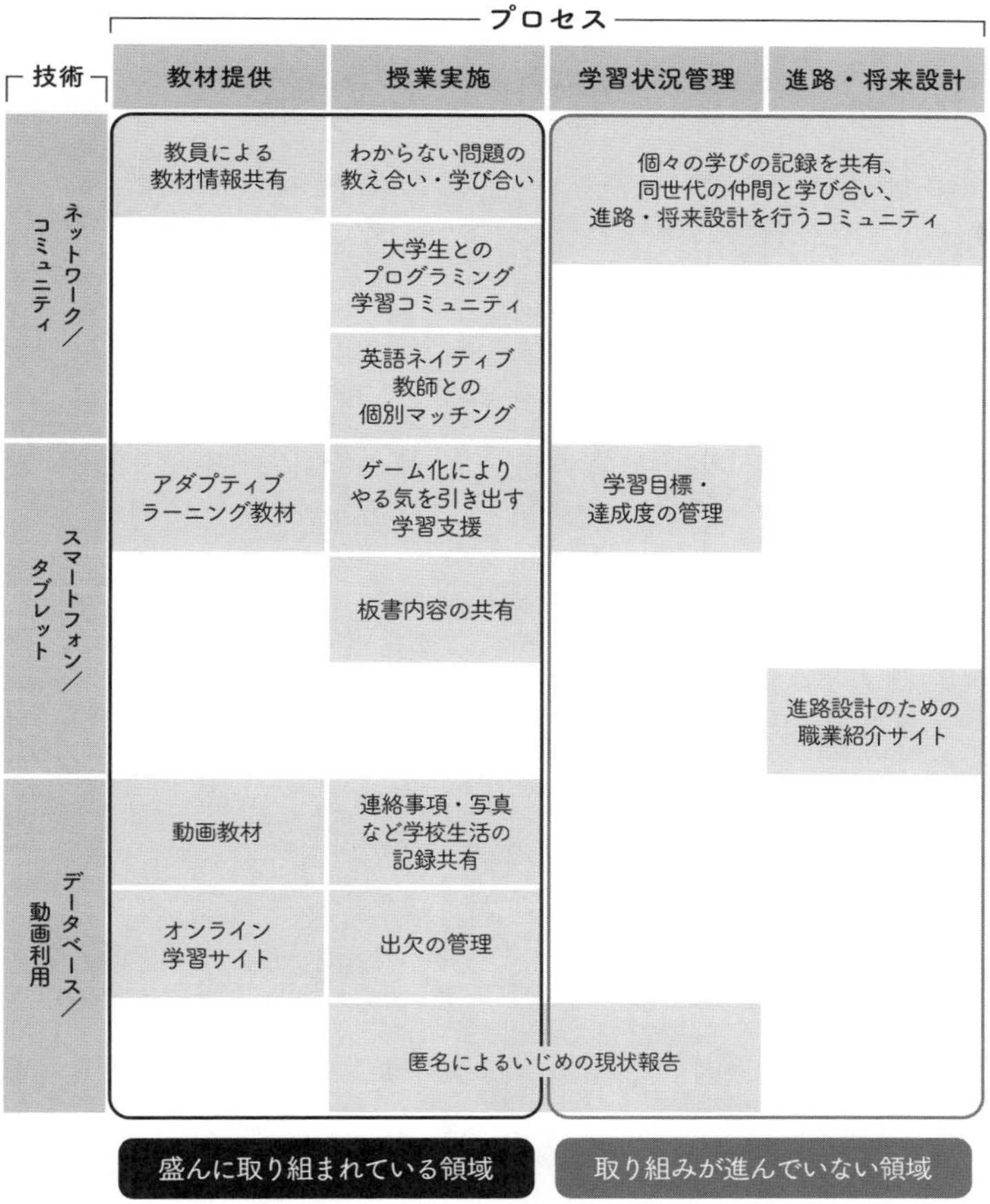

図1-4　エドテックの取り組み

軸に技術を描き、エドテックの取り組みを描いたものです。こうしてまとめると、教材提供や授業実施に関しては多くの取り組みが行われているものの、そうした教材や授業を学ぶことで、子どもたちを将来どのような方向に導いていくべきかという進路や将来の設計、そして、そうした将来に対し、今どの位置にいるのかを子どもたちが知る手がかりがほとんどないということがわかります。

今の学校教育は、「教科書の問題を解く」ことについては多くのテクノロジーが生まれている一方で、児童や生徒の将来の可能性を広げる試みについては、ほとんど手がつけられていないのです。エドテックを通して、教科書の問題が効率よく頭に入るようになっても、そうした知識を携えて、児童や生徒はどこに向かえばいいのでしょうか。教科書のなかだけからは学べない、両親や先生、地域の人たちから、同じ目線で一緒に生活するなかで学ぶはずのことを、エドテックはどうやって伝えるのでしょうか。教科書から受動的に学ぶだけで、どうやって、児童や生徒が生まれながらにもっている生命知をいかんなく発揮することができるのでしょうか。

デジタル・テクノロジーは、それを生かす側の人間によって、毒にも薬にもなり得ます。たとえば、私が技術開発に携わっているアメグミというスタートアップ企業は、変化の時代のなかで日々多くの業務に悩まされている学校の先生方の話を聞き、先生方の仕事を減らすことで生徒と向き合う時間を増やそうと考えました。そこで、毎年先生方が何日間もかけて調整を繰り返す多大な業務である時間割の調整を、デジタル・テクノロジーによって自動化することを思い立ち、直ちにシステム開発を行いました。これによって、多くの先生方が「これでリフレッシュ休暇が取れます！」と喜んでいるそうです。リフレッシュし、新たな気持ちで児童や生徒と向き合うことができれば、児童や生徒にとっても、自ずと良い影響が生まれるはずです。しかしながら、こうした取り組みはまだまだ希少で、教育現場の先生方や子どもたちの将来に目を向けて開発されているデジタル・テクノロジーはほとんどないというのが現状なのです。

デジタル・テクノロジーは、生命知を理解し、誰もが自ずと生命知を発揮する社会を目指すことによって、それを実現する強力な手助けをしてくれます。そのためには、デジタル・テクノロジーという部品を手にするだけではなく、自らの生命知を携え、設計図を描いていくことが不可欠なのです。

生命知を後押ししてきた世界のデジタル・テクノロジー

今、著しいスピードで発展するデジタル・テクノロジーは、人々が、生命知を発揮するつながりを何よりも助けます。デジタル・テクノロジーは、世界中の課題を次々に解決しています。その一例として、アメリカと中国で起こったことを紹介します。

アメリカで起こった例の代表は、今や、インターネットにはなくてはならないグーグルの検索サービスです。グーグルが生まれる前のインターネットの世界は、個人が書いた日記だけでなく、大学や政府の貴重な情報など、さまざまな情報であふれていました。そして、自分が見たい情報を探すには、さまざまなページから手探りでリンクをたどっていくという気の遠くなるような時間がかかっていたのです。ところが、グーグルが登場したことで、こうした時間のかかる情報探しの作業は一変しました。私たちは、検索したいキーワードをグーグルに伝えるだけで、グーグルは、その情報をもつ優れたサイトを順番に表示してくれます。情報は、懸命に探すものではなくなり、「いつでもグーグルに聞けばわかる」身近なものになり、インターネットは、誰もが簡単に情報を探せる場に生まれ変わったのです。

そして、グーグルの取り組みを現実の世界に広げる試みが、中国のアリババという会社によって行われました。アリババは、１９９９年に創業しました。当時の中国は、偽札が広く出回っていて、買い物すらも、安心してできる状況ではありませんでした。露店のような個人商店が多く、街をうろうろしていると、中国の歴史を感じさせる商品に出合うことも多かったのですが、買ってみると偽物だった、ということも珍しくなく、苦労が絶えませんでした。そうした中国にあって、アリババは自社の銀行口座にお金を用意して、アリババを仲介してお金や物のやりとりをする仕組みをつくりました。それによって、偽札はもちろん、偽物を出す店舗は出店できなくなり、安心してやりとりできる環境ができたのです。店舗の立場からすると、顧客側の対応も気になります。きちんと期日までにお金を払ってくれる人なのか、後でクレームをつける人ではないかなど、問題は山積みです。そうした顧客一人ひとりを評価する仕組みをつくり、顧客は店舗を、店舗は顧客を選べる環境が整ったのです。この仕組みは「信用経済」と呼ばれるようになり、よい行いをした人が評価されることから、普段の行いもよくなってきたといわれるようになりました。

実際、私が中国に留学していた21世紀初め頃には、店頭の行列にも平気で横入りしたりして、電車やバスの列にも「並ぶ」という概念すらないのが常識でした。ところが、最近の中国では、以前にはなかったマナーのよさを感じます。まさに、60兆の細胞がお互いに助け合いながら生命知を発揮していくように、世界はデジタル・テクノロジーによって、よりよい関係づくりを行っているように感じます。しかしながら、事はそう単純ではありません。ここからは少し、デジタル・テクノロジーのもつ大きな問題をお話しし、それを乗り越えるためのヒントをお伝えしたいと思います。

あまり語られることのないデジタル・テクノロジーの落とし穴

今や、使わない人はいないといってもいいグーグルの検索サービスは、そもそも、世界中の情報を誰もが自由に使えるようにすることを目的に生まれました。世界中の情報を自由に使えると聞くと、誰にとってもすばらしい取り組みのように聞こえます。しかしながら、グーグルの行っていることは、情報を探すためには必ずグーグルの検索サービスを利用しなければならないという世界をつくることであり、情報を自らの利益のために独占しているということでもあります。さらに重要なことは、グーグルのサービスによって、不幸になった人たちもたくさんいるということです。たとえば、新聞や雑誌など、情報をつくっていた人たちの創作物は、グーグルが情報を無料にしたことによって、無料かそれに近い安値でないと、見向きもされないようになりました。新聞を取る人がいなくなったことは時代の流れですが、それによって、質の高いニュースを提供する人がいなくなるとすると、社会全体が混乱してしまいます。

グーグルの出現は、インターネットを誰でも情報が探せるよい場にしたかもしれませんが、その代わりに、現実世界を混沌としたものにしてしまったのかもしれません。実際、世界では、グーグルに対する反対運動が巻き起こっています。２０１６年にグーグルは、ドイツのベルリンに、スタートアップを支援する施設を計画しました。ところが、ベルリン市民の大反対にあい、数年後には撤退せざるを得なくなってしまったのです。

グーグルのようなデジタル・テクノロジーによるサービスを展開する企業に対する反発が起こっているのは中国も同様です。アリババによって、信用のおける社会が実現したことはよいことです。ですが、信用経済は、実は監視社会と結びついています。人の信用を評価するためには、その人のデータを取らなければなりません。今の中国では、それが行き過ぎて、街のどこにいっても監視カメラがあり、また、スマートフォンのあらゆるデータが収集されているといってもよい状況です。社会が混沌としていたうちは、信用経済によって、より良い生活が実現できるようになったことを喜んでいた中国の人たちも、徐々に息苦しさを感じているようです。もちろん、中国政府による少数民族の弾圧の問題など、監視されるデータは、政府によって人を傷つけることにも使われてしまっています。そうした事実を無視して、「デジタル・テクノロジーを使うと社会課題が解決される！」と思い込むのは、大問題といってよいです。

この問題を乗り越えるためにヒントになるのが、北欧のエストニアという国の「デジタル政府」という、デジタル・テクノロジーを駆使して政府を生まれ変わらせた試みです。エストニアは、旧ソビエト連邦の一部でしたが、１９９０年に独立し、新たに国を運営しなければなりませんでした。約4・5万平方キロメートル、九州とおなじくらいの広さに、約133万人（2021年）という沖縄県よりも少ない人口しかおらず、ばらばらに住む人たちが、どのようにすれば、同じように行政サービスを受けられるようにすることができるのか、課題は山積みでした。とにかく、どこに人がいるかがわかり、その人たちと連絡する手段が作られなくては、税金も集められず、国家運営ができないばかりか、学校や病院などのサービスを提供することもできません。そこで、エストニアは、生まれたばかりのインターネットを利用することにしたのです。

もちろん、パソコンもまだまだ普及していない時代に、インターネットを利用できる人はそう多くありません。高齢者など、デジタル・テクノロジーに対してハードルが高いと感じる人も少なくありません。しかし、当時のエストニアには、まさに今、自分たちが主体となって国を作ろうという主体性あふれる空気がありました。まるで災害が起きたときに、みんなで乗り越えようと心が一つになるように、誰もが協力しあい、デジタル・テクノロジーが苦手な人にはそれをサポートして、みんなで学び合ってより良い国づくりをしようと一体になりました。それによって、インターネットによる質の高いサービスが次々に実現していったのです。

エストニアは、スカイプというインターネットを介したコミュニケーションツールを作ったことでも知られており、平均賃金も旧ソビエト連邦のなかで最も高いことで有名です。そして、デジタル政府によって、議員や職員の活動が国民にも見渡せ、汚職がなく、脱税の心配もありません。日本のマイナンバーカードのように、ちぐはぐな運用をすることはなく、情報公開が進んでいます。政治家の不透明な動きは国民が厳しく追及することから、行政システムへの高い信頼が得られています。

エストニアのように、みんなで社会をよくしていこうという一体感さえあれば、そのなかで、学び合いによってデジタルが苦手な人も救われ、同じ目標に向かって成長していくことができます。デジタル・テクノロジーは、一歩間違うと、グーグルのように優秀な人が最も恩恵を受ける弱肉強食の世界や、中国のような監視社会をつくりかねない一方で、エストニアのような、助け合い社会をつくることにも貢献します。私たちは、助け合いのように見えて誰かが得をする社会をつくりたいでしょうか。それとも、助け合いの力でお互いが成長できる社会をつくりたいでしょうか。私たちがつくりたい社会を描き、その実現に向かって一歩ずつ歩みを進めていくことで、デジタル・テクノロジーは、その実現を後押しします。

一部の人たちだけが得をする社会は、必ずどこかで限界がやってきます。その一方で、誰もが助け合い、お互いが成長することによって、生命知を発揮する社会には、限界はありません。ここからは、これからの時代のキーワードとなる「自然（じねん）の道」という考え方について、今までの話を踏まえながら、まとめてみたいと思います。

未来の社会像――「自然（じねん）の道」

ウィズコロナと呼ばれる時代が始まって2年、これまでデジタル化に向けた取り組みを避けてきた多くの学校も、オンライン授業をはじめ、デジタル化へのチャレンジを重ねてきました。こうしたデジタル化への取り組みは、学校だけではありません。社会で活躍している多くの大人にとってもデジタル化は避けられず、それに苦戦する会社と、デジタル化の波に乗る会社に大きく分かれています。たとえば､ゲームなどのデジタル・コンテンツを提供する会社は、過去最高収益を上げ、ますます大きくなっています。

今、デジタル化は、大きな経済格差を生み出しており、世界中で社会不安をひき起こしています。そして、社会不安は、グーグルなどの巨大ＩＴ企業の排斥運動へと拡大しているということは、すでにお伝えした通りです。

こうした混沌とした状況のなかで、前に述べたように、世界には今、デジタル・テクノロジーのみの力で社会問題を解決しようとする「テクノ・ユートピア」と、経済成長そのものを否定する「脱資本主義」との、二つの代表的な考え方に分かれつつあります。テクノ・ユートピアは、社会不安すらもデジタル・テクノロジーによって解決できるものと信じています。脱資本主義は、社会問題の解決を大きなスローガンとしながら、共産主義や社会主義が生み出した悲劇に学びながら、現代社会だからこそできる資本主義に頼らないあり方について模索しています。

これら二つの考え方について、もう一歩踏み込んだことを考えてみたいと思います。これら二つは、お互いに対立しているようにも見えるのですが、実は共通点があるのです。テクノ・ユートピアはもちろん、脱資本主義もまた、デジタル・テクノロジーの発展を前提としているのです。

デジタル・テクノロジーは、インターネットなどのネットワークを介してデータを共有します。インターネットを使えば、世界中のどんなニュースを見ることも、どんな人とつながることもできます。そうしたニュースなどのコンテンツは、誰もが見ることができることから、「公共財」と考えることができます。今、私たちは、たくさんの公共財を共有しています。これを推し進めることで、経済成長せずとも豊かな生活を営むことができると考えられます。「シェアリング・エコノミー」という、自動車や自転車などをシェアして誰でも使えるようにしようとする考え方は、まさに公共財の考え方であり、脱資本主義が掲げる新しい経済活動の姿のひとつです。勘のいい読者のみなさんのなかにはお気づきの方もいるかもしれませんが、この主張は、情報を自由にすることを掲げながら独占するグーグルや、富を共有することを掲げながら独占する共産主義国家の独裁者とまったく同じ構造なのです。

私は、デジタル・テクノロジーを信奉するテクノ・ユートピアはもちろん、脱資本主義を掲げながらも実際はデジタル・テクノロジーによって一人ひとりの富を「公共財」として奪おうとする脱資本主義者の考え方にも、大きな問題があると考えています。今までお伝えしてきたように、私は、人間一人ひとりがもつ「生命（いのち）」としての価値に着目し、未来の社会像をデザインし直すことが必要だと考えています。そして、「生命（いのち）」に着目することによって見えてくる未来の社会像を、私は「自然（じねん）の道」と呼んでいます。

二つの考え方の大きな問題点

「自然（じねん）の道」という考え方をお伝えするためには、二つの重要な問題点を理解する必要があります。まず、第一に、デジタル・テクノロジーそれ自体は、ブロック玩具の部品でしかないということです。ブロック玩具の部品だけから、完成図を作り上げようとする考え方は、専門用語で「要素還元主義」と呼ばれるということは、すでにお話しした通りです。そして、要素還元主義だけでは、設計図を描くことができず、よほどの天才でなければ、完成までの道のりを歩いていくことができません。

そして、第二にさらに重要な点として、要素還元主義が、私たち生命の「自己不完結性」という性質を無視してしまっているということがあります。自己不完結性とは、私たち人間は、自分一人では生きていくことができず、誰かと助け合うことではじめて生きていくことができるということです。

これら二つの問題点への理解を深めていくことができれば、後に述べる「生命（いのち）」を中心とした未来の社会像である「自然（じねん）の道」が見えてきます。

要素還元主義は、あらゆる物事をブロック玩具の部品のように分解していけば、社会全体の問題を解決できると考えます。デジタル・テクノロジーは、物事を数値化（データ化）して、それらを分析することで、問題を解決しようとします。たしかに、スマートフォンの普及によって、私たちは、自分たち個人の詳細な行動データまでもが取得できるようになりました。一日あたり何歩歩いているのか、どこで運動不足になっているのか、どうすれば健康を改善していくことができるのかが、データを見れば、手に取るようにわかるようになったのです。

そして、データ化された個人は、ネットワーク上でシェアされることによって、「公共財」として取り扱うことができます。健康な人の行動に近づけることで、自分も健康な生活を手に入れられるかもしれません。健康管理サービスを使っている人のなかでの自分の位置づけがわかれば、自分がどれくらい不健康かわかり、危機感をもてるかもしれません。このように、データが集まることで、サービスは、「公共財」としての価値が高まります。

公共財という考え方のなかでは、個人やコンテンツは共有されてこそ価値があり、ただ存在しているだけでは無価値と判断されてしまいます。実際、グーグルやフェイスブックをはじめ、インターネット上でのサービスを提供するプラットフォームは、個人のコンテンツやデータの権利を奪っているとして、問題視されています。いずれにしても、デジタル・テクノロジーを前提とした未来の社会像は、個人や、個人が生み出したコンテンツそのものに対する敬意を欠き、それそのものを「無価値」とします。デジタル・テクノロジーを前提とする以上、データ化されないものは無関係のものとして外部化されてしまい、無価値とされてしまうのです。

こうした個人やそのコンテンツを無価値としてしまう問題は、実は、私たち人間の生命（いのち）がもつ「自己不完結性」という性質を無視することによって起こっています。私たちは幼少期から、「人間は一人では生きてはいけない」「人と人は、お互いに支え合って生きている」といった道徳的な表現に触れています。こうした表現は、単なる比喩ではなく、生命（いのち）を維持するうえで不可欠な性質です。

こうした観点から見えてくる現代社会の問題があります。その一つの例が、いわゆる「拒食症」という病です。理想の体重を追い求めるがゆえに、食事を、カロリーによって表現できる数値としての捉え方しかできなくなってしまった拒食症患者は、私たちの生命維持にとって不可欠な食事というものを受け付けない精神状態になってしまうといいます。

生活の根本ともいえる食事のサイクルが破壊されてしまい、「食べる」ということができなくなってしまった拒食症の患者さんたちは、「おいしい」という感覚も、「楽しい」という感覚も味わえなくなってしまいます。その結果、人間関係を含めて弊害が生まれてしまうといいます。本来、私たち人間は、身体（カラダ）という感覚器官（センサー）を通して場を知覚し、経験を積み重ねていくものです。ところが、そうした身体（カラダ）そのものをダイエットという限られた目標に対してのみ数値化することで、生きている「自分自身の身体（カラダ）」ではない「減量する対象」、すなわち自分とは無関係のものとして外部化してしまいます。それによって、身体（カラダ）を通した経験すらも、自分と無関係のものとして、外部化されてしまうのです。生命（いのち）を尊重しない生き方は、人間の根本を破壊し、ひいては人間社会をも破壊しかねないと、私は考えています。

生命（いのち）に寄り添う利他、そして、「自然（じねん）の道」へ

さて、こうした身体経験そのものの外部化による生命（いのち）、そして人間社会の破壊は、あらゆる物事をブロック玩具のように考え、分解することで社会問題を解決しようとする要素還元主義の考え方が根本にあり、「自己不完結性」を無視したことによってもたらされたものということはお伝えした通りです。その一方で、私たちがもつ、自分一人で生きていくことができない「自己不完結性」という性質は、生命（いのち）の成長の源泉でもあります。

最初はお母さんの中で単細胞生物として生まれた私たち人間には、細胞が分裂を繰り返すなかで、心臓をはじめとする必要な臓器が次々に生まれます。そして、魚類のような形状から生物進化のようなプロセスによって変容を繰り返し、やがては人間の形状と機能をもつように成長します。こうした奇跡のような生命誕生のプロセスは、細胞一つ一つが「自己不完結性」をもたなければ実現できません。

たとえ細胞一つ一つは不ぞろいで頼りないものだったとしても、それらが協力し合うことで、身体（カラダ）全体に循環が起こり、時々刻々と動作や思考をつくり出し、そ

れによって、健全な身体（カラダ）がつくられ続けます。健全な身体（カラダ）は、プログラミングのように外部から無理に動作させても、それを維持することはできません。同様に、病気の原因を発見し、投薬などによって治療を試みても、その効果は一時的です。生活そのものを健全にし、身体（カラダ）全体の循環がもたらされなければ、健全な身体（カラダ）は実現しません。身体（カラダ）を織り成す細胞は、その一つ一つが、外界を感じ取って生きています。それらが循環し、細胞一つ一つが「生かされた」とき、「自ずと」、健全な身体（カラダ）は実現されます。

身体（カラダ）全体の循環が自ずと生まれ、健全な状態が実現することは「自然（じねん）」と呼ばれ、世界中の古代文明のなかで、病の状態から身体（カラダ）を回復させる力として理解されてきました。昨今、マインドフルネスなどと呼ばれ、心を整えてストレスを軽減する瞑想法が注目されています。これは、まさに「自然（じねん）」による身体（カラダ）の回復なのです。自己不完結性によって生まれる循環がもたらす私たちの生命には、自ずと身体（カラダ）を、そして社会を、健全に成長させ続ける「自然（じねん）の道」が備わっています。そして、近年、「自然（じねん）の道」は、神経生理学的、そして、数理生理学的な裏付けがなされはじめています。昨今、店舗の入口や一部の飲食店などのロボットを見ると、その論理を垣間見ることができます。

二足歩行ロボットを動作させようとする際、決まった動作をプログラミングしておくと、常に同じ動作を実現できます。だとすると、前もって動作をプログラミングしたロボットをいくつも整備しておくことで、人間の労働を代替してくれるように感じられます。ところが、いざ現実の空間でロボットを動作させてみると、決められた通りの動作を行うだけでは「歩く」ことすら困難だということに気づかされます。

同じ二足歩行だったとしても、床の摩擦が異なれば、また、横から吹き付ける風の強さや、周囲の人や物と接触しているかどうかなどによっても、うまくバランスが取れる場合もあれば、取れない場合もあります。まったく同じ動作を行ってしまうと、簡単に転倒してしまうのです。その一方で、私たち人間は、身体（カラダ）一つ一つの細胞によって外界を感じ取り、今ここで、歩くという目的を達成するうえで最適な動きを、その場でつくり出す生命知を発揮しながら運動しています。その運動を、外界の変化とともに、身体細胞によって再び感じ取るという循環が起こります。こうした循環のなかで、常にバランスが保たれるだけでなく、時々刻々と変化する環境に対しても、柔軟に新たな動作をつくり出していくことができるのです。

こうした身体（カラダ）の細胞一つ一つの循環のメカニズムを数理的に再現することによって、二足歩行などの動作をスムーズに行い、横から蹴られるなどしても歩行を継続できるようなロボットの原理が生み出され、実用化されています。「リミット・サイクル」と呼ばれるこの原理は、やじろべえのように外から力が加えられても安定する動的なサイクルとして数学的に記述できます。リミット・サイクルは、「興奮」と「抑制」といわれるペアの力がお互いに影響を与え合うことによって実現します。人間の身体（カラダ）は、「興奮」と「抑制」のペアの力であふれています。たとえば、ドーパミンという物質は、快楽を感じるときに放出され、身体（カラダ）を興奮させることでエネルギッシュに動くことができます。一方、身体（カラダ）を落ち着ける物質としてセロトニンがあり、興奮しすぎた身体（カラダ）に安らぎを与えます。こうした興奮と抑制の二つのペアによって、適切に動作する循環がもたらされ、心身ともに健康を維持できるばかりでなく、人間関係や動植物との関わり方に対してもよい影響を与えます。これこそが、近年、注目されている「利他」と呼ばれる、他人のために行動する私たちの本能の正体なのです。

リミット・サイクルに関わるものとして、私たちの脳からは、利他や他者理解、そして、他者との共感のメカニズムであるといわれる「ミラーニューロン」という神経細胞が見つかっています。他者と自己との間に循環が生まれ、お互いの動作や感情に対して共鳴し合うことで、他者理解を行っていると考えられています。心身の循環、そして、他者との循環、さらには社会における循環は、私たち生命のもつ「自己不完結性」によってもたらされるものであり、人間の創造性を支える健全な心身を生み出す「自然（じねん）の道」なのです。

私はこれまで、デジタル・テクノロジーにもとづく未来創造に関し、「生命（いのち）」に着目することの重要性について強調してきました。とくに、２０１７年に出版した『人工知能の哲学』（東海大学出版部）のなかでは、人工知能（ＡＩ）と対比したうえで、生命（いのち）としての人間のもつ潜在能力について説明し、人間の力を発揮できる社会のあり方の必要性についてお伝えしてきました。「自己不完結性」によって生まれる私たちの「生命」の循環は、「自ずと」他者を生かし（利他）、また、他者からも生かされることで、「自ずと」社会全体に循環が生まれます。しかし、この循環は、デジタル・テクノロジーによって個々人を要素として数値化（データ化）し、数値として取り扱える公共財とした瞬間にせき止められます。個々人のもつ生命（いのち）は、「自己不完結」でないものとして、社会から切り離され、その活力は失われます。

かつて、世界最先端の循環社会であったといわれる江戸時代の日本は、農家のし尿や竈《かまど》の灰すらも金銭や野菜によって取り引きされるものであり、その循環は、単に物質的な豊かさにとどまらず、精神的な豊かさにもつながっていったようです。当時の日本の商習慣の中心には「徳」があり、一人ひとりが自己不完結であるがゆえに生かされ合い、共に繁栄していくという精神があったといわれています。私たちがもつ「生命（いのち）」に着目し、その「自己不完結性」を理解したうえで、「自ずと」共に栄えていく「自然（じねん）の道」を描いていくことこそが、現代の資本主義社会が必要としているものなのではないかと、私は考えています。

子どもは未来、地域の誰もが未来を育む時代へ

この第1章では、ＡＩ研究者としての私が、教育者をはじめとするさまざまな専門家とのディスカッションを通して育んできた、これからの社会の、そして、社会を生きる私たちの未来に対する考え方をまとめてきました。とくに、私が人間を理解し、これからの未来を描くうえで最も大事にしている生命知という考え方を中心にした、未来に向けた考え方をまとめました。この考え方は、これからの教育を考えるうえでの羅針盤になると、私は考えています。

私は今、スタートアップ企業であるオンギガンツという会社を経営しています。この会社では、社会人に対する学びの場を提供し、変革を起こす人材を生み出しています。今年に入ってから実験的に始めた大学生向けの変革人材をつくる「学生ＤＸ塾」にも、

続々と仲間が集まっています。新しい時代に向けたうねりは、すでに始まっています。

これまで私は、新しい教育に携わる多くの教育者と一緒に活動するなかで、子どもたちのもつ大きな可能性に触れてきました。たとえば、社会で活躍するプロフェッショナルを講師に招いて、プロフェッショナルが日々向き合っている問題意識を子どもたちと共有する活動を行う「こたえのない学校」という活動があります。ここで私は、「人工知能は社会を幸せにするのか」という問いを小学生に投げかけてみたいと感じ、人工知能（ＡＩ）のしくみを簡単に理解するためのカードゲームを作り、それを体験してもらいながら、子どもたちに、社会を幸せにするためのＡＩの使い方や、人とＡＩとの関わり方についてグループディスカッションを行ってもらいました。驚いたことに、そこで生まれたアイデアや子どもたちの議論は、学会で実際に行われているものと変わらないレベルのものでした。

プロフェッショナルと同じ目線でものを考えるということは、子どもたちの世界を大きく広げます。それは、教科書で目にする偉大な発見をした歴史上の人物についてもいえます。算数の時間に触れる、「円周率」というものの正体を初めて知った歴史上の先人たちの想いを、子どもたちと共有しようとした試みもありました。「すべての学習に教養と哲学を」というコンセプトを掲げる知窓学舎という学習塾と一緒に、私は、小学生たちを引き連れて公園に遊びにいきました。そして、砂場から好きなだけ砂を持って帰るようにと伝え、画用紙で作った円柱型の容器に砂を敷き詰め、重さを量ってそこから円周率を逆算して求めてみました。低学年から高学年までが入り混じり、あたり一面砂だらけになりながら、チームごとに工夫した結果、どのチームも3・14……に近い値を求めることができた瞬間、全チームが一体となり、「円周率」という得体の知れないものと心が通じ合いました。

子どもたちの世界を広げる試みは、挙げていけばきりがありません。教育活動を通して、高校生や大学生と交流する際、彼らが口々に「学校の先生や両親以外の大人に初めて出会った」と話すのは衝撃的でした。もちろん、全員ではありませんが、多くの子どもたちは、学校の先生や両親以外の大人に出会うことなく、大人になっていくそうです。これでは、世界を広げるにも限界があります。実際のところ、自分の仕事や生き方に誇りをもつ大人が、子どもたちとの交流の機会をもつだけで、子どもたちの世界は変わりはじめます。

このように、プロフェッショナルどうしの新しい取り組みが生まれる場を学び舎とする子どもたちは、さまざまな職業の生命知も、新しい取り組みが次々に起こることも、アタリマエのものとして育つこととなるでしょう。学校を発信基地にして、地域そのものが輝ける、そこで育った子どもたちが、次の時代をつくっていく、そんな時代は、すぐそこまできています。そして、重要なことは、生命知に通じる思いを抱きながらプロフェッショナルとして活躍する人々が、日本には豊富にいるということです。その理由は、日本という場が、生命知を育み、生命知を発揮することで古くから「自然（じねん）」という社会を築いてきたからにほかなりません。生命知への理解を深めることで、日本が育んできた生命知と「自然（じねん）」のもつ大きな可能性を世界に広く発信できるのではないかと、私は考えています。

さて、ここまでは、生命知という観点から、これからの社会、そして教育についての私の考えやメッセージをお伝えしてきました。ここからは、私の話を受け、教育者である大迫さんに、生命知を踏まえた新しい教育論についての話をまとめていただき、みなさんと一緒に、これからの時代の教育について考えていきたいと思います。

第2章

「生命知」と教育

大迫弘和

#「未来の教育設計図」を描くために大切なことは何だろうか

はじめに――よりどころとしての「生命知」

第２章では「生命知」という言葉をよりどころにしながら、「未来の教育設計図」を示すことを試みます。

まず「序として」に書いた「生命知」についての私の教育の立場からの説明を簡単に繰り返しておきましょう。

「生命知」とは『生命体』が生きていくためにもつ『知』であり、それは精神、身体、もしくは分別不可能な何かから信号、記号、そして力として常に絶え間なく表出されるもの」です。

私はこの「生命知」という言葉でＡＩ（人工知能）の研究者である松田雄馬さんと取り結ばれました。そしてこの「生命知」というものを羅針盤にするなら、これからの教育のあり方を、これまでたどり着けなかった地平で思い描けるのではないかと考えました。長いトンネルの向こう側にぼんやりと光が見える、長らく待たれたその瞬間が、やっと近づいてきた気がしたのです。

子どもたちの一人ひとりがあたえられた生命（いのち）を精一杯に生き切る。学校という場がそのような子どもたちの生命（いのち）の場になる。
第2章では、生命（いのち）の設計図を自分で描くことができる子どもを育むための「未来の教育設計図」について考えていこうと思います。

1 AIがカリキュラムを書く？

それは妄想から始まった

ＡＩが小説を書く、俳句を詠む、詩が書ける。それならＡＩがカリキュラムを書くことができるのではないだろうか。この私の妄想（もしくは誤解）が本書の生みの親といえます。

本書を書いている真っ最中にロシアのウクライナへの軍事侵攻が始まりました。最新のテクノロジーを使った戦争の様子が最新のテクノロジーによって瞬時に全世界に伝えられています。激しい情報戦も展開されています。

科学技術の発展はテクノロジーを使っての便利な生活を生み出していると同時に、戦争と切り離せない関係にあるというある種の両義性をもちます。

科学技術の発展を両義的な意味をもつものと捉えるなら原子力のことが頭に浮かびます。原爆という殺戮《りく》兵器、唯一の戦争被爆国（いつからか被爆国ではなく戦争被爆国という言い方になりました。その理由はみなさんおわかりだと思います）としての原爆への痛切な思い、原発というインフラ（福島のことは必ず記憶され続けなければなりません）。「原爆」と「原発」、この両義性は、人類史上の問いを生んでいます。

さて私は今回科学技術の発展により生み出されたＡＩと呼ばれるものの能力を「戦争」ではなく「教育」に生かせないかと考えました。発想のきっかけは冒頭に書いた「ＡＩが小説を書く、俳句を詠む、詩が書ける」といった情報でした。

実際にＡＩにより書かれた小説や詩、詠まれた俳句の芸術性は今のところ未知数といったところかとは思います。実際にＡＩにより書かれた短編小説や詩、詠まれた俳句を読んでみましたが、スタイルとして小説、詩、俳句ではある、といった感想をもちました。

私のことを「古くからの詩の仲間」と言ってくださる谷川俊太郎さんは、かつて「本当の事を言おうか／詩人のふりはしてるが／私は詩人ではない」（『鳥羽1』『旅』）という衝撃的な詩を書きましたが、現在も「自分ではいまだに内心、自分が詩人であるかどうか疑っています」と言われます。それは私が学園長を務めていたインターナショナルスクールの生徒が谷川さんに「なぜ詩人になったのですか」という質問をしたときの谷川さんの答えでした。そのとき同時に谷川さんは「僕が詩人であるかどうかは僕が決めるのではなく人が決めるものなんです」ともおっしゃいました。

詩がそうであるように、文学作品は、それが文学であるかどうかは、人が（すなわちそれを読んだ人たちが）決めるものです。スタイルはそうなっていても、読み手に「文学的感動」を与えることがなければそれは文学と呼ばれるに値する作品とはいえないでしょう。ＡＩの作品は今のところはスタイルのみの段階、もしかしたらそのレベルはこの先もずっと同じかもしれません（とすると、そのことからもＡＩの能力にまつわる基本的なテーゼが見えてくるかもしれません。ただ俳句については単純なアルゴリズムを超えた深い文学的領域まで踏み込みつつあるようです。俳人の大塚凱さん、北海道大学の研究者のみなさんが頑張っている。もし俳句が小説や詩よりもＡＩによって深みに入れるジャンルになるなら、そこから俳句という文芸の本質が、逆流するように見えてくるような気もします）。

脳みその限界

さて私が、ＡＩがカリキュラムを書けないか、と考えた理由は、人間の知に（いえ、そんな大それたことではなく、もっとありていに、きちんと正直に言えば、私自身の脳みそに）限界を感じたからです。もうこれ以上はダメだ、考えられない、といった感じで脳みそが悲鳴を上げたのです。

もうこれ以上無理、という身体としての限界点。登山をしていて「もう足が動かない」といったことがありますね。走っていても「もう走れない」と歩きだしたり、座り込んだり。重量挙げでも、これ以上の重さは無理、というのがあります。私の脳みそも、もう無理、となったのです。脳みそも身体ですから。

それは何をしていたときでしょうか。

それは「世界のどの子でも、人生において大切なことが学べるカリキュラム」というものを考えていたときのことでした。

後で触れますが、私は国際バカロレアという名の教育プログラムに長い間関与してきました。国際バカロレアはＩＢと略称されています。そのＩＢとの付き合いも30年に及び、付き合いが長いだけあって、昔、考えなかった（いや、実は心の底ではかなり前から芽生えていたかもしれない）ＩＢを超える理想の教育プログラムというものに対する思いが、日に日に強まっていました。人間関係もしかり、付き合いが長くなると、別に仲が悪くなるわけではないのですが、何か変化が欲しくなる。そんなところでしょうか。

しかし、どう考えても、「世界のどの子でも、人生において大切なことが学べるカリキュラム」みたいな大業なものを一人の人間で考え出せるはずはありません。人間のなかに仲間を見つけて一緒に考える、ということももちろん方法としてありますが（そのことも後で触れます）、私としては、ここでＡＩの能力を借りたらいけるかもしれないと考えたのでした。

私のＡＩに関する知識は、それは基本的に数学でつくられていること、ディープラーニングと呼ばれる方法で学習が行われることによって飛躍的な能力向上が図られたこと、その二つがすべてといってよい状態でした。そこで、ＡＩに必要な情報をインプットしたら「世界のどの子でも、人生において大切なことが学べるカリキュラム」がスラスラと書き出されてくる、そのような（前にも書きましたが）妄想にスイッチが入ったのでした。

私がＡＩに書いてもらいたかったカリキュラムとは「教育理念」「教育内容」「教育方法」「評価方法」といったものがセットになったものです。

私は私の限られたＡＩに関する知識のなかで、まず「入力すべきデータ」について考えてみました。当然まずＩＢの情報を入力、と考えましたが、早くもそこで行き詰まりました。ＩＢの情報だけでもものすごいボリュームになりますし、もしその一部だけを取り出すとしてもどの一部を選ぶかは難しすぎます。

しかしスイッチの入った妄想は簡単には止まりません（しかし妄想こそ創造の源と思い込んでいます）。私は松田雄馬さんという新進気鋭のＡＩの専門家に連絡を取ったのでした。

お導き！

松田さんとのやり取りが始まりました。私は私の妄想について松田さんに伝えました。文部科学省の進めるＧＩＧＡスクール構想（全国の児童・生徒一人に1台のコンピュータと高速ネットワークを整備する取り組み）とはまったく異なる、深い意味で、教育とＡＩが結びつくことはできないか、具体的には「世界のどの子でも、人生において大切なことが学べるカリキュラム」をＡＩが書けないかと。

松田さんからは以下のようなお導き（まさに！）がありました。

「カリキュラム作成の件ですが、ＡＩ、と申しますか、アルゴリズムによる解決を行うのであれば、『数理計画法』という数学の一分野が役に立ちます。数理計画法は、企業の経営計画を立案し、実行することにも用いられる伝統的な手法なのですが、ある目的が定められたときに、その目的を達成する最良のリソース配分や、業務の手順などを計算する方法です。

これは、伝統的に都市計画や、まちづくり、くにづくりの土台ともされる手法であり、まちやくにの『あるべき姿』を『目的』として設定することで、それに適した道路や線路のあり方、人の集まる結節点のあり方などを計画していきます。

これを教育の分野において用いるとなると、まずは『目的』を大雑把に設定して数理計画法によってカリキュラムを計算し、それによる効果を測定したうえで、そもそもの目的そのものを見直すという、自律的な組織運営にも似た教育のあり方が設計できるかと思われます。

これに加え、昨今のＡＩの発展を加味するならば、カリキュラムの計算に対する効果の測定の段階で、画像や音声、言語処理などを行うことによって、豊富なデータをリアルタイムに取得、分析することができるので、迅速なカリキュラムの修正が可能になることと思われます。ここまでの設計は、数学、アルゴリズム、ＡＩ、システムの知識があれば、十分に可能です」

このようなやり取りのなかで、松田さんからは「生徒一人ひとりにとってのカリキュラムの最適化」「すでに存在するカリキュラムの生徒一人ひとりに対する最善の運用方法の割り出し」といったところならＡＩの得意技、といったこともうかがい、それはそれで魅力的で、たくさんの子どもたち、先生方が救われる、と思いました。

そしてこのような松田さんとのやり取りを続けるなか、それぞれの根源の問題意識である「生命」（いのち）の視点から教育を考える、その文脈のなかで浮上した「生命知」をよりどころにし、もって「生命知がもたらす未来の教育設計図」を構想してみようということになりました。AIを使って新たなカリキュラムをつくりたいという私の思い（妄想）は、「未来の教育設計図」を提言していこうという形に転換されました。

松田さんが大学生になった2001年、私は千里国際学園中等部高等部（略称SIS。現関西学院千里国際中等部高等部）の校長を務めていました。

2001年といえば9月11日に同時多発テロがありました。そのとき、私はSISの校内誌に「反理性に対しては最大限の理性で対抗する。そうあってほしい」と書きました。

9・11以降の対テロの世界情勢はみなさんご存じの通りのことになります。2001年を21世紀最初の大学生として迎えた松田さんと、その9・11的世界状況のなかで国際学校で校長として子どもたちを預かっていた私が、世代と専門性の違いゆえに、何かが生み出されるはずと手を携えたのが本書ということになります。

それでは「未来の教育設計図」のお話をはじめてみることにします。

2 未来の教育への想い

モノレールの中で

伊丹空港に向かうモノレールによく乗ります。大阪大学の二次試験の行われる日の朝でした。モノレールには柴原阪大前という駅があり、それゆえにその朝は一目で大阪大学に向かう受験生だとわかる人たちで車内は混み合っていました。いかにも自信ありげな人、車内でもまだ参考書をずっと見ている人、緊張感、不安感がありありと表情に出ている人、母親と思われる人が一緒の人、さまざまな受験生模様に彩られた車内でした。

そのような受験生を眺めながら、私は心の中で「頑張ってね」と応援している自分に気づきます。とくに不安そうな受験生には「大丈夫」と肩をたたきたくなってしまうくらいの気持ちになってしまうのでした。

この国はいろいろのことを一生懸命に取り組む子どもたちであふれています。それが勉強であったり、スポーツであったり、芸術であったり、いろいろですが、先生や、コーチャや、指導者に素直に従いながら、精一杯頑張る子どもたちが、この国には、たくさん、たくさん、います。もちろん、さまざまな事情でそのような機会に恵まれない子どもたちもありますので、その子たちのことも考えてあげなくてはなりませんが。

大阪大学の受験生の話に戻るなら、大阪大学は日本を代表する立派な大学の一つですから、その朝、私が見た受験生たちは、勉強を一生懸命頑張ってきた人たちだといえます。一人ひとりの表情からは一事に集中してきた若者の純粋さが漂っていました。

そして私は思うのです。

こんな若者たちだからこそ「本当に大切な勉強」をさせてあげたいなと。

日本の教育、誇るべし！

私は国際バカロレア（ＩＢ）という教育プログラムを多くの方に紹介してきました。私自身がＩＢ教員として教室でＩＢの授業をしていたのが１９９１年のことですからもう30年ほど前のことであり、日本人としてはＩＢとの付き合いが非常に長いケースであり、そんなことからＩＢの紹介を依頼される機会がここ10年ほど大変多くありました。

ＩＢはよいところがたくさんある教育プログラムなので、ＩＢのお話をしているとつい力が入ってしまい、「大迫はＩＢだけがよいと考えていて日本の教育を否定している」

と思ってしまう方が、とくに最初の頃、多くありました。それは私の言葉足らずが原因で生まれた誤解で、私は決して日本の教育を否定しているわけではありません。

このような誤解が少なからず発生していることに気づいてからは、注意深く、次のような説明をするようにしました。

「1945年夏、焦土と化していたこの国を、主権さえも失ったこの国を、今、もちろんさまざまな課題は抱えつつも、ここまでもってくることができたのは、これまでの教育があったからだといえます。生徒たちも先生方も、子どもも親も、国も教育委員会も、みながこれまでの教育のなかで頑張ってきたのです。もし、これまでの日本の教育を否定するようなことがあるなら、それはこの国の頑張りを、この国の人々の頑張りを否定することを意味します。そんなことはあってはなりません。これまでの日本の教育は世界に誇ることのできるとても立派なものです」

そして、このような考え方をはっきりと表明した後に、私は次のように問うのでした。

「それでは、私たちはこれまでの教育をこれからもこのまま続けていけばよいのでしょうか。大変皮肉なことに、これまでの日本の教育ではなかなか育むことができなかった力が、これからの時代に求められています。これまでの教育で果たせなかった部分、弱点だった部分を補うことができるプログラムとして国際バカロレアのことを少し知っていただけるでしょうか」

これまでの教育はどのような教育だったでしょうか。おおむね以下の特徴をもっていたといえるでしょう。

①一方向型授業（先生が生徒たちに向かって一方的に授業を行う）
②受動的授業（生徒たちは受け身で授業を受ける）
③知識注入型詰め込み授業（とにかく知識を詰め込んでいく）
④暗記教育（知識の暗記が目標）
⑤公式や文法規則の暗記ベースの運用（意味がわからなくても運用できればよい）
⑥偏差値教育（知識量が勝負の偏差値を上げることが目標）
⑦競争的学び（勝者になることが目標。教育に競争は必要です。切磋琢磨とかよきライバルとかはポジティブな意味をもちます。大切なのは競争はプロセスとして存在するべきもので、それ自体が目標になってはいけないということ）
⑧「たった一つの正しい答えが与えられる」授業（そしてそれを覚えること）
⑨知識・技能の系統的習得（順序が決まっている）

⑩同質性重視（同じものを与えるのが公平とされる）
⑪覚えた知識の量・知的作業の速度の重視（多ければいい、速ければいい）
⑫先生の役目は教えること（先生は生徒に知識を教えるのが仕事。英語にすると“teach”が仕事）
⑬教師主導型教育（授業の中心は先生。英語にすると“Teacher-directed instructions”）

私はこのようなこれまでの教育を「日本国内だけで通じる学力（英語で言うと“Domestic Competency”）を育てることを目標にした『覚える君』教育であり、試験が終わるとその役割を終える『試験のための学び』（英語で言うと“Learning for Examination”）である」といった言い方をしてきました。

再度断っておきますが、私がこのようなこれまでの教育を全否定しているわけではありません。

しかし、再度問います。「それでは私たちはこれまでの教育をこれからもこのまま続けていけばよいのか」と。

私の暫定解（私は生きるということは暫定解をひたすら積み重ねていくことだと考えていますが）は次のようになります。

これまでの教育は以下の「これからの教育」の要素をできるだけもった教育にシフト

チェンジされなければならない。なぜなら、これまでの教育のままではＶＵＣＡ（Volatility・Uncertainty・Complexity・Ambiguity）と呼ばれる変化の激しい現代社会への対応ができないばかりか、ＳＤＧｓに示される地球的課題、とりわけ温暖化による気候変動という地球の最大の危機へ取り組む準備ができないからです。

「これからの教育」に必要な要素は以下のように考えられます。先述の「これまでの教育」の特徴と比較してみてください。

①双方向型授業（先生が一方的に授業をするのではなく、先生と生徒、生徒同士のやり取りが活発に行われる）
②能動的参加型授業（生徒たちが積極的・主体的に授業に関わっていく）
③探究型授業（知識をもとに探究を行う）
④「自らの答えをつくっていく」授業（答えが与えられるのではなく、答えを自らがつくっていく授業）
⑤協働的学び（他者とともに学ぶこと）
⑥概念の形成・活用（学んだことを異なる新たな状況で生かせるものにしていく）
⑦目的に則した知識・技能の修得（生きることにつながる学び）

⑧多様性・個別性の重視（一人ひとりに必要な学び、支援）
⑨創造性の創造（学びから新しい物を生み出す）
⑩未知の問題の解決能力（試験のためではなく現実の課題に向き合い解決するための学び）
⑪学び方の学び（知識だけではなく、生涯にわたって主体的に学んでいける姿勢・方法を身につける）
⑫スキルの獲得（「考える力（スキル）」や「コミュニケーション力（スキル）」といった一生使える力（スキル）を身につけていく）
⑬先生の役目は学習を支援すること（先生は知識を教えるだけではなく生徒たちの学びを促し導き支援する。英語で言うと"navigate""facilitate"が仕事）
⑭学習者中心型学び（授業の中心は先生ではなく生徒たち。英語で言うと"Student-centered learning"）

私はこのような学びを「世界に通じる学力（英語で言うと"Global Competency"）の獲得を目標とする『考える君』教育、知識の暗記にとどまらない深い学びによる『生命（いのち）のための学び』（英語で言うと"Learning for Life"）」と呼んでいます。大学で私が指導している学生たちにはこの「考える君教育」、そしてこれまでの教育の「覚える君教育」という言葉はかなり浸透していて、授業中も「この授業案では考える君授業にはならないのではないでしょうか」といった表現が学生から頻繁に出るようになりました。

この「これからの教育」、「考える君教育」の一つのヒントとしてＩＢがある。それが私がＩＢを紹介してきた際の基本的な考え方でした。そしてその考え方の奥に横たわっていたのが、大阪大学の受験生に対して自然に湧き上がってきた思い、頑張れ受験生！と、そして「この子たちにもっと本質的な学びをさせてあげたい」という思いでした。私のなかでは、頑張れ受験生、の気持ちは、本当に大切な学びとは何かを問う作業につながるのでした。

いらない基礎学力

私は本書で「未来の教育設計図」を、本当に大切な学びとは何かを問いながら、みなさんと一緒に考えていきたいと思っています。

その「未来の教育設計図」を一緒に考えていくにあたって、一つお願いがあります。それは「ねばならない」という発想をいったん封印してみてくださいということです。

これからの教育の内容を前に列記しました。そのなかに「能動的参加型授業（生徒たちが積極的・主体的に授業に関わっていく）」というものを挙げています（もちろんそれは「未来の教育設計図」のなかでも重要な要素となるでしょう）。この「能動的参加型授業」は具体的には「発表（プレゼンテーション）」「作文・論文」「レポート」「討論（ディスカッション、ディベート）」等の形を取ります。「アクティブ・ラーニング」と呼ばれるものです。アウトプットの教育と呼んでもいいでしょう。これまでのインプット（知識注入）中心であった教育をアウトプットの教育に変えていくことになります（ここで大切なのは、アウトプットされるものは「知識」でなく「考え」であるということです）。もちろんインプットがゼロになることはあり得ません。どのくらいの割合でインプットの教育を行い、どのくらいの割合でアウトプットの教育を実施するか、そのさじ加減がポイントになっていきます。

それではインプットを70パーセントにしてアウトプットを30パーセントにする教育に変わっていったとしましょう。そこで必ず出てくるのが「基礎学力」の問題です。「70パーセントに減ったのだからこれまで教えていたことで教えられないところが出てくる。それで『基礎学力』は大丈夫なのか」といった意見をしばしば耳にします。私はここで、いらない基礎学力、という考え方を示したいと思います。

これまで「基礎学力」と言われていたものは本当にすべてが「絶対に欠けてはいけないもの」だったのでしょうか。１００パーセントあったものが70パーセント、60パーセントに減ることによって学習は崩壊してしまうのでしょうか。

たとえば歴史の授業でこれまで覚えていた人名の数が70パーセントになっても、そのことによって生じた時間をアウトプットの時間として「なぜその歴史的出来事がおこったのか」「その出来事により人々の意識・生活はどのように変化し、その変化は人類の歴史のなかでどのような意味をもっているのか」といったことを調べ（個人で、協働で）、まとめ、発表し、討論するなら、それこそが歴史の本質的な学びといえないでしょうか。

インプットの教育では、どの教科も脳は「暗記」のための同じ使われ方をしています。「数学も暗記科目だ」という言われ方さえあります。しかし数学には数学的な思考方法があり、自然科学には自然科学的な思考方法があり、文学には文学的な思考方法があるはずです（芸術教育における「感性」はもちろん！）。脳の使われ方、思考方法は本来異なるはずです。そのそれぞれの思考方法を導くのに必要な基礎知識が「基礎学力」というものでしょう。思考方法を導くことを目標にしていく、そのために必要な基礎があればよい、という考えにもとづくなら、いらない基礎学力、というものが見えてくるはずです。

ペーパー試験で問いやすいことが教科内容（教科書の内容）になっている、という指摘もあります。各分野の専門家による本当に必要な「基礎学力」の問い直し作業が必要です。

いらない基礎学力。それは先にお願いした「ねばならない」という発想の封印がなければ決して受け入れることができない考え方です。本書で示していく「未来の教育設計図」自体も、そのように「ねばならない」という発想の封印をしたうえで捉えていただければと思います。

なんのために

これまでの日本の教育、これからの日本の教育、そのそれぞれの特徴を列記しましたので、「未来の教育設計図」を提示しようとする本書はいわゆるハウツー本に近いものと思った方もあるかもしれません。しかし本書が示す「未来の教育設計図」はそのような性質をもったものではありません。

本書は教育ハウツー本ではなく「教育はなんのためにあるか」ということを示すメッセージ本です。

たとえば2020年度から小中高と順番に実施されている学習指導要領は、戦後はじめて学習の「内容」(何を学ぶか)だけではなく学習の「方法」(どう学ぶか)を示したという意味で画期的なものになっています。それで教育現場はその新しい学習指導要領にもとづく新しい「方法」を実践するのに大わらわで、そもそもその変化が何のために起こっているのかといったことを考える余裕もなくなっています。

本書ではその「なんのため」に関して明確なメッセージを打ち出し、それにもとづき「未来の教育設計図」を示していきたいと思います。

教育は、人が、生きていくために、ある。

生きていくために発する「生命知」が教育をつくる。先に「これからの教育」として掲げた14項目も、ただ単に実行すればよいのではない。それは「生命知」と向き合いながら実践されなければなりません。

それが本書の思想です。

それではここから「生命知」について書いていきたいと思います。

3 これからの教育はあらゆる生命（いのち）のために

何か違っている感

私のなかに「何か違っている」という思いが生じたのは高校生のときでした。学校というところは人生のために大切なことを学ぶところのはず。でも、毎日勉強していることは本当にそういうものなのだろうか。そのような思いは私だけがもつものではなく、実はかなり一般的なものだったと今はわかるのですが、その当時は自分だけの特別な思いだと思い込んでいました。

学校というものへの期待感が人より強かったと思います。幼い頃は病弱で小学校の6年間は半分ぐらいしか学校に行けませんでした。朝、集団登校のため、近所の友達が「おさこくーん」と玄関で呼んでくれても私の母が「今日もお休みなの」と言っているのを寝床で聞き、もう記憶している天井の木目を日永眺めて過ごすような日がたくさんありました。

健康になって学校に行きたい。

そう思っていた私にとって、学校は行きたい場所でした。そこでいろいろなことを勉強したいと思っていました。

2013年に公開された映画『世界の果ての通学路』では大自然のなかの長い道のりをひたすら学校に向かう、世界のさまざまな子どもたちの姿が描かれていました。

子どもは学校に行きたいものだ。

その映画を見ながら、自分の幼い頃の気持ちを思い出していました。

そして、中学生になり学校に通えるくらいに健康になった私は、ただ毎日、単純に喜んで学校に通っている子どもでした。高校生になって、心の中に「何か違っている」という思いが生ずるまでは。学びが「生」から切り離されている、と感じるまでは。

そして高校時代、学校に行きたくても行けなかった小学生は、学校に行きたくない高校生になっていました。

歴史としての存在である人間（歴史とは記録された出来事だけを指し、出来事のなかでは記録されていないことのほうが圧倒的に多い。ですからここで私が使う歴史という言葉は「大きな時間の流れ」といったことを意味しています）、すなわち、生まれ、生き、いつかは死んでいく人間の、その存在の意味は何？　自分のいない膨大な時間があり、生まれ、生き、死んでいき、また自分のいない膨大な時間が流れていく。大きな時間の流れのなかで何をするために自分のただ一度きりの「存在」の期間があるのか。

試験に出るぞ！という高校教師の言葉は、そのようなことで頭が一杯の私には虚ろな言葉として、ただ空しく響くだけでした。当時の数学の科目であった数Ⅰや数ⅡBで解けない問題はないなと思っていた私でしたが、数学のテストができてもそれがいったいどんな意味があるんだろうと思うだけでした。

私の興味はただ一直線に文学に向かいました。きっとそこには「答え」があるかもしれないと思い。

大学の文学部に入り、その頃詩を書くことをはじめ、文学部の仲間たちと詩の同人誌を作ったりしました。

今も書き続けている私の詩のその通奏低音は、その頃のものからずっと変わっていないと思っています。

２０１６年に発表した詩集『定義以前』に収めた詩にこのようなものがあります。

『無題』　　大迫弘和

わたしを生きるため
わたしはわたしを
無題にする
無題になったわたしは
もはやわたしに属さない

もっと別なものに属して
はたしてひとりのひとになる

ひとりのひとになったわたしは
爛漫の春の
漂う生命体と繫がれ
はたしてひとつのいのちになる

ひとつのいのちになったわたしは
そのようにして
はたして
地上での
存在
になる

（詩集『定義以前』より）

この詩のなかにある「生命体」「存在」という二つの言葉は今回の「生命知」と繋がっていくものです。

文学部を卒業し、私は国語教師として教育の道に突っ込んでいきました。「何か違っている」感を抱えたまま。

私のなかに生じた「何か違っている」感は、ある意味思春期特有のとくに珍しいものではなかったといえます。ただ、私は、この「何か違っている」感を、現実社会と変に折り合いをつけたり、ごまかしたりせず、ずっとそのまま抱えながらここまで生きてきたという自負だけはあります。芸術に携わる人は、多分きっとほとんどがそのように生きているように。

そして、今、私はその「何か違っている」感が、ある地点にたどり着いた、あるいは導かれたように感じています。

ここからその私のたどり着いている地点について書いていくことにします。

終わってしまう物語、もしくは自滅の物語

近代文明を成立させていた大前提は何だったでしょうか。近代文明の中核にある近代西洋はデカルトの二元論をスタートにしているといわれています。デカルトの二元論に

ついてはその超克に関し多く語られていて、本書でも後で少し触れることになりますが、デカルトの二元論と無関係ではない、近代文明の大前提となっているもう一つの考え方があります。それは、「地球は無限であり、人間はその無限の地球を使って、人間を中心にして、限りなくどこまでも発展できる」という考え方です。人類はその考え方にもとづき、科学技術を発達させてきました。とくに現代の科学技術の急速な発展は、私たちの科学技術に１００パーセント依存した生活（電車の車内ではみんながスマホ！）、科学技術に１００パーセント依存した社会（オフィスに入ったらまずログイン！）を生み出しました。そこからはもう離れることができない生活と社会ができ上がっています（離れなくてもいいのですが。これから本章で述べる考え方の転換さえあれば）。

そしてこの大前提のもとに進んできた人類は、今、人類の存在そのものに関わるきわめて深刻な問題にぶつかっています。人類が知恵を結集して積み上げてきた文明が、人類に自滅の物語を綴らせることになるという、矛盾とも、皮肉とも、喜劇ともいえる現実に人類は向き合っているのです。無限であると幻想していた地球という舞台の上で、人類は延々と経済ドラマ、政治ドラマ、そして人間ドラマを繰り広げてきたのですが、実はこの地球という舞台は有限であり、そのことを無視したドラマはいつか演じることができなくなる日が来るということに気づいたのです。

私たちは今、人類ドラマの最終章を目撃している可能性があるのです。

人間中心主義の見直し

「地球は無限であり、人間はその無限の地球を使って、人間を中心にして、限りなくどこまでも発展できる」というこれまでの大前提のなかの「地球は無限」「人間を中心にして」というところを考え直さなくてはなりません。

「人間は考える葦である」というパスカルの言葉（『パンセ』1670年）、それはパスカル個人にとっては実存のリアリティーの危機に対する叫び声であったのですが、西洋近代はその後、物質的な豊かさをおそらく過剰なまでに追い求め、手に入れ、そしてそのしっぺ返しとして自らの基盤である地球を危機的状況にさらしました。近代という時代の、自分たちは唯一考えることができる存在であるがゆえに地球を支配することができるとした人間たちのドラマには、今、大仕掛けな舞台転換が必要なのです。地球は無限という幻想のなかで繰り広げられてきた人間だけのドラマは、有限である地球を舞台にした、人間だけではなく「生き物全体」によって演じられるドラマに書き換えられなければなりません。

生き物全体、と書きましたが、そのことを最近よく耳にする「多様性」という言葉を使って説明したいと思います。

「多様性」という言葉が現在は「多様性社会の実現」「多様性の尊重」といった社会的な文脈で多く使われています。人種や国籍や年齢や先天的障害の有無など外から見てわかりやすい「表層的多様性（生来のもの）」と、考え方や感じ方や価値観や個性など外からでは識別しづらい「深層的多様性（後天的なもの）」とがありますが、このようなさまざまな多様性が生み出す「違い」から差別や偏見が生まれるようなことがなくなり、誰もが自分の能力を活かしていきいきと生きていける社会を目指すことが語られています。有名な金子みすゞの詩「鈴と、小鳥と、それから私、／みんなちがって、みんないい。」（「私と小鳥と鈴と」より一部）の世界の実現です。

そのような意味で多様性を捉えることは大切ですが、私はこの多様性という言葉を本来もっていた「自然界にはさまざまな生物が存在する」という生物多様性という意味に引きつけ、さらにそこに「共生」という言葉をつなぎ合わせたいと思うのです。しかも、共生する異なる他者を「人間」にとどめず、この地球に存在する生物全体を含む（まさに生物多様性）というふうに考えたいと思うのです。それが先に述べた「人間だけではなく、生き物全体によって演じられるドラマ」の意味です。

「生命知」というものを考えます。列車に乗り窓外の田園の風景を見たとしましょう。

その風景の中には信じられない数の生物が存在していて、生命知のドラマを見えない形で繰り広げています。NHKの「ダーウィンが来た！」。それは生命知のドラマの紹介の番組といえます。どの生物も生命（いのち）をつなげるための必死のドラマを繰り広げています。

存在に関する原理を、人間のみ、から、生物全体、に転換し、共生のドラマを、人間の共生、から、生物全体との共生、へ前進させること。それは人間中心主義にピリオドを打つことを意味します。現在の資本主義は人間中心主義が生み出す個人中心主義を原理としています。しかし、人間中心主義の終焉は資本主義を終焉させるためではありません。岸田文雄首相が就任時に語った「新しい資本主義」とは異なる意味の、人間間から生物全体との共生に向かう「新しい資本主義」が地球全体を覆うことになればと思います。

さらにもう一つ、次のステージがあります。それは無限であると幻想していた地球との関係性に関してです。地球は、人類がさまざまなドラマを演じてきた舞台であり、地球はその「生命（いのち）」をもってパフォーマーである人類を生かしてきてくれました。地球は、人類を生かすための「生命（いのち）」をもっていたのです。その地球の「生命（いのち）」により、人類は、自分たちの「生命（いのち）」を得てきていたのです。地球も共に生きる生命体。人類が支配したり操作したりするものではない。それは共生するものである。そう考えることにより最も深く、高いレベルの「共生」を私たちは考えることができるのです。

この考え方は私が教育者として、そして詩人として想像力的に思い描くもので、飛躍しすぎているかもしれません。松田さんが第1章では書いていないものです。しかし、この「地球にも生命がある」という考え方は、「未来の教育設計図」を考えていくにあたって、私の内部から激しくあふれ出てきた、祈りにも似た想像なのです。

共生する異なる他者という言葉を前に使いましたが、他者という考え方が消え、すべてが一人称となる日が来ること。あらゆる生物、そして地球。それらすべてが自分事として一人称になること。私は地球、地球は私といった私と地球の癒合。自分を中心に置き、空間を分節化するだけならそこに「人間を超えるもの」とのつながりは現出しません。

私という一人称は、そもそも私自身と内部的に向き合う私と、他者に外部的に向き合う私という二重性をもちますが、ここではその境界を、これまでより曖昧なものにしていくことになります。他者にさえも内部的に向き合うということになるのですから。

そこまでの考え方の転換がなされるなら、科学技術の発展も、悪夢ではなく、明るい夢に、人類のドラマも、太陽の消滅する日までは続けることができるはずです。

相互依存の構造

新型コロナウイルスの世界的な感染が続くなか、このまま人類が滅びてしまうのではないかと不安になった方はいないでしょうか。私は不安になりました。

そして、次のような説明が、私のその不安を一気に吹き飛ばしました。

「ウイルスは絶対に人類を滅ぼすことはない。なぜなら人類がいなくなったらウイルスは自分の居場所がなくなってしまうことになる。だからウイルスはそんな馬鹿なことはしない」

生命（いのち）のドラマはそのように描かれていくのです。

アフターコロナの社会について「ウイルスとの共生」、そのなかでの社会活動、経済活動といった言われ方がされていますが、それとは別の意味で人とウイルスは共生関係にあるのです。

第1章で松田さんが「1か月も経てば、体の中の物質は、90パーセントが入れ替わってしまう」と書いています。それは主に細胞が入れ替わる、ということを説明してくださっているのですが、そのように、一つの細胞が集まって人の命は形成されます。人は細胞により命を形成するのですが（より正確にはまず細胞があり、それが神経組織や筋組織のような組織を作り、それらの組織が神経系器官や循環器系器官のような器官を作り、器官が集まり人になります）、その細胞は、人の命がないと存在できません。まるで人とウイルスの関係と同じです。相互に依存しないと、それぞれの命が存続しないといった構造になっているのです。

地球と人の関係も同じです。相互依存の構造性のなかで、その関係を考えることが大切なのです。

共生に関して、もう一つの考え方を書いておきましょう。それは「共生」という言葉は、もともと別々の存在だったものが一つになるという意味でまずは捉えられるでしょう。しかし、もともとそれらは一つのものだった、それがさまざまな存在の形を取っているのだ、というふうに考えると、そこには「共生」をはるかに超えた概念が生まれるはずです。JT生命誌研究館名誉館長の中村桂子先生の生命誌のなかでは、その最初の一つは「祖先細胞」と命名されています。すべての生物は「祖先細胞」を祖とするのです。

すべてが「一人称」の世界になり、すべてが自分事になる。それは別の表現で言えば、人称が消え、私が消えることでもあります。

私が消える、透明になる、それは私が詩人としてずっと書き続けてきたテーマでもあります。

生命体

地球は生命体です。私は詩によく「生命体」という言葉を使います。では私の言っている生命体はどのようなものなのか、改めて自問してみました。しかし本当のところは自分でもよくわかっていないのです。だからこそ詩でも多用してきたのだともいえます。詩は言葉と言葉のありえない結合により何かを見ることができたりしますから、多分そのことを求めて。でも読者のみなさんは何かを知りたくてこの本を読んでくださっているはずですから、この「自分でもよくわかっていない」という表現は「なんじゃ、そりゃ」というふうに感じられるかもしれません。

しかし、よくわからないということが、実はとても大切だと思っています。

近代自然科学は、主観によって形成された客観性により、あらゆる物質、現象について明確に説明することを目標としてきました。その方法は、社会科学の領域でも使われ、さまざまな分析や新たな理論が生まれてきました。きれいに説明がつくこと、そのことで科学は存在し続けてきました。

「説明がつく」ということは、もちろん一つの価値であり、そのこと自体を否定する必要はありませんが、ただ、もう一つ、私たちは「説明がつかないもの」にも取り囲まれながら生きていて、だから説明ができないものの存在が、「説明」を本質とする科学の劇的で急速な進歩が人と世界との関わり方を大きく変化させつつある今こそ、しっかりと認識されなくてはなりません。

説明のつかない生命体というものがある。それは私たち自身の存在に関わるものであり、この生命体という説明がつかない何かが、今、いちばん大切な考え方なのです。説明による自明性により時に奥深い真実が見過ごされてしまうことがあります。そうならないように気をつけなくてはなりません。

生命体とは「身体と精神」といった単純な二元論で「説明」されるものではありません。右脳と左脳のことで、芸術や直感は右脳、言語や論理は左脳ということがよく言われますが、脳科学の発達した今、右脳と左脳の動きはそれほど単純な「二元論」的な動きはしておらず、右脳と左脳ももっと複雑な関係をもっていることがわかっています。

生命体も同じです。それは「精神と身体」といった単純な二元論で認識されるものではなくネットワーク的な網状の多角的、多義的で複雑な構成をもつものです。そのような生命体がいのちの存続、存在の存続、そして生存のバトンのためにもっているものこそ私が「生命知」と呼ぶものです。

生命知――生命（いのち）のための知

松田さんは第1章で「生命知」を「生き物が『生きている』からこそ発揮される『知』」というふうに書いています。加えて生命知を発揮することで築かれる「自然（じねん）」の重要性に深い思いを寄せています。ＡＩの研究者である松田さんが「自然（じねん）」を説くというある意味での逆説性に注目してください。

そして私はここから生命がもつ知、生命（いのち）のための知である生命知と教育を結びつけ、いくつかの考察を行いたいと思います。

生命知の表出に関して、とりわけ教育の場における日本の文化に根差した生命知の表出について考えてみます。

日本の子どもの場合、その文化の特質ゆえに生命知の表出の仕方も控えめであることが多くあります。ですからそれを見落とさないように注意深くあらねばなりません。学校において、子どもが生きていくための生命知を必死に表出していてもそれに気づかないでいてしまうということを起こしてはなりません。ちょっとエスニックジョークっぽい例になりますが、痛みに関して日米の文化差の話があります。日本人は痛いとき、それをじっと黙って我慢する、アメリカ人はすぐドラッグストアに行って強力な痛み止め薬を買ってそれをバンバン飲む。日本の文化がそのようであるなら、じっと我慢している子どもの生命知の表出を見落とさないように常に注意を払わなければなりません。

もう一つ、日本文化に根差した生命知の表出は微妙で繊細な表現を取ることがしばしばあります。痛みの例を再度出しますと「キリキリ」、「シクシク」、「ジンジン」、「ズキズキ」、「チクチク」、「ヒリヒリ」、「ピリピリ」といったようなオノマトペは外国語への翻訳が難しいとされています。しかし日本ではこのような細やかな表現で生命知が表出されることがしばしばあります。ということはこのような日本語の微妙なニュアンスを理解するなかでしか日本の子どもたちに対する生命知にもとづく教育は成立しないということになりそうです。

松田さんとのやり取りのなかで、ＡＩはもつことができない生命知というものが、私のなかで、教育を動かすものとしてくっきりとその姿を現しました。そして生命知は人間だけでなく、他の生物すべて、そして地球もそれぞれの生命知をもち、人のもつ生命知は人間間だけでなく、他の生物の生命知、地球の生命知と交感し、感応していくことが、私のなかでは、今回の「未来の教育設計図」の基本原理になっていきました。

生命体から発せられる生命知は、人間以外のあらゆる生物、そして地球ももち合わせています。それは存在の存続のためという意味では同じ性質のものになりますが、ここではまず人間の発する生命知について、とくに文化に関わる性質について触れておきます。

私はここで日本語を書いています。なぜなら日本という国のことを考えたいからです。ある国のことを考えるときは、その国の言葉で考えるといちばんよく考えることができると私は信じています。なぜなら、その国の言葉はその国の文化や歴史や風土や慣習などを含み込んでいるからです。そのような言語の成り立ちがその言語特有のニュアンス、含意、味わいを生んでおり、その言語によってその国のことを考えることにより、その国のことを奥行き深く考えることができます。

ですから日本の生命知については日本語で考えてみたいと思います。日本の文化から形成され、また日本の文化を形成する生命知のことを。

日本の文化の根底にある「無」のことを考えます。とりわけ「有」に価値を置き、夢を抱き、成功を目指しひた走るようになってしまっている今の日本のなかで、そのことを考えます。

日本文化の中心思想、日本的な宇宙の感受の仕方として「無」の思想があります。その具象化として無常、わびさびあるいはもののあはれといった言葉がこの国の人々の心を捉えます。

日本に来ていたイギリスの友人と、ある地方都市の古びた民家に一緒にいた時のことです。長く人の住んでいないその民家の広い庭には何も植物が植わっていませんでした。二人で縁側に座りながらしばらく黙ってその庭を眺めていました。私は、何もない庭をわびさび的な感じで楽しんでいました。

「いいね、何もなくて」

私は言いました。

するとイギリスの友人は、少し驚いたように次のように言ったのです。

「僕は今、ここに何を植えようかと考えていたんだけど」

彼はイギリスの旧家の生まれで、オックスフォード郊外の自宅にはバートランド・ラッセルがしばらく投宿し執筆をしたこともあったそうで、彼の家を訪問した時にはラッセルが使っていた部屋も見せてもらいました。典型的な知識人《インテリゲンチャ》であり日本文化にも傾倒していて、だから日本の地方都市で私と時を過ごしたのですが、そんな彼でも「無」より「有」に心が向くのでした。

私は私のなかにそのように「日本」があることを、そして日本人としての生命知があることを強く感じます。これまで携わってきた仕事は国際という名称がついていることが多く、またイギリスで5年ほど生活し、(憧れの?) 海外生活も体験しているにもかかわらず、いえ、だからこそ、そのようであると思っています。

日本の中心思想の一つであり、人々の心の奥深くに沈潜している「無」の思想は、そのまま個人を静謐《ひつ》な精神生活に導くこともありますし、それを直接的テーマとしている日本の優れた芸術作品は枚挙にいとまがありません。

そのような「無」の思想ですが、私はここで生命知との関連のなかで、このように捉えてみたいと思います。日本の「無」の思想は、実は強烈な「有」を生むものであると。日本の「無」は「有」との関係性のなかで捉えられるものではなく、ただ「無」そのものとして固有に存在しているものです。「有」と対立するものではないのです。ですから「無」から「有」への転換があっても「無」は消滅しておらず、まったく別な地平で新たな「有」が生み出されているのです。個人のレベルでいえば、いったん自己を無化することにより私でないものが私を自覚させ、新たな生命体として新たな私になるのです。

戦後の復興、大震災からの復興。日本の人々は「無」から新たな「有」を創造していき、この国は生命体として存続し続けてきたのです。もちろん「有」を失った時の困難、悲しみ、苦しみ、辛さは耐えがたいものであり、生きる希望さえも失ってしまうくらいの絶望感に打ちひしがれます。それでも這い上がるように心を、町を、立て直していくことができるのは、日本人に「無」を受け入れる心性があるからのように思うのです。悲しみと苦しみをいまだ抱える多くの方々からはお前に何がわかるかと言われそうですが、それでもそう書くことを何とか許していただければと思います。

日本人の生命知はこのような日本独自の文化的中心思想のなかで形成されている、ただしここで、最後はどこに到達すべきかということについて大切な認識を書いておかなければなりません。私たちは、生命知について日本語で考えるとき、日本の文化的中心思想のなかでそれを捉えるしかないというある種の限界をもちます。しかしそれはあくまで起点的なアプローチであり、最終的に目指すところは日本を、すなわち国というものを超えた調和的で普遍的なものだということです。私の示そうとしている「未来の教育設計図」も最後の到達点を、もっと遠くに、国などは超えた普遍的な地点に置くことを忘れてはならないと考えています。

身体知

生命体は身体と精神との統合体です。ただ身体と精神の境界ははっきりしませんし、はっきりさせる必要もないと考えています。繰り返しになりますが、あらゆる事柄が明示的に説明されなければならないわけではありません。曖昧さ。それはとても重要なことなのです。そして幸いなことに日本の生命知にはこの曖昧さが含まれています。曖昧な日本人。もちろん、時と場合によりますが、曖昧さのなかで成立させてきた日本の共同体のあり方は大切にされてよいものです。

身体と精神の境界は曖昧なままでよいと書きましたが、その二つには明らかな違いがあります。それは身体は「有限」であるが精神は「無限」であるということです。もしその考え方が間違っていないなら、身体知とは有限なものであり、身体があくまで一つの要素である生命知というものはより無限に近い性質をもつものだということができるように思います。

教育へ

私の「何か違っている」感が出発から50年を経てたどり着いた暫定解は「生命知」です。私が高校生の時からずっとひきずってきた何か違っている感を埋めるものとして、やっと出会えたかもしれないと思える暫定解です。

生命知、生命体がその生命の流れのなかで存在のために発する力。生命体とは人間、すべての生物、そして地球を指します。

私の受けてきた教育には深く人間存在に関わる意味での思想的根拠がなかった。また私の教育者としての教育への携わりのなかでどうしても最後に残った不完全燃焼感。それらのことに対して生命知が答えを出すと考えるのです。国際バカロレア（ＩＢ）という教育プログラムは、私に光を与えたものでした。しかしそのＩＢも、生命知という視点からもう一度読み直したいと思っているのです。

生命知を、先述の「これからの教育」の14項目を展開するときのよりどころにしていく。それが私が示したい「未来の教育設計図」の基本構造になるのです。

「先生、気づいて」

辛い状況にある子どもが必死になって発しているサイン。それもその子の生命知です。絶対に見落としてはなりません。

生命知で教育を本当の意味で成立させたいと思うのです。

4 二つの原体験

原体験

原体験という言葉があります。人の思想が固まる前の幼少期の経験で、以後の思想形成に大きな影響を与えたものを意味します。『火垂るの墓』という名作を残した野坂昭如は、自ら焼け跡闇市派と称し、戦争体験を自分の原体験であると明言していました。１９３０年生まれなのですから戦時期に少年時代を送っています。『火垂るの墓』は作家野坂昭如の原体験にもとづいて生み出された作品といえます。

私は本書で生命知を羅針盤とした「未来の教育設計図」を示そうと思っています。前に語の本来の意味での「原体験」、すなわち幼少期のことを書きましたが、私が示したいと思っている「未来の教育設計図」には、そこに横たわる思想を形成するにあたって、まさに「原体験」と呼ぶにふさわしいものが二つあります。どちらも私が教育者としての道を歩み始めてからの体験です。あえてそれを原体験と呼び、みなさんに伝えたいと思います。

その一つは「国際バカロレア（ＩＢ）」であり、もう一つは10年間校長を務めた私立学校のことになります。それではまずＩＢについてお話ししたいと思います。

国際バカロレア ご存じでしょうか？

ＩＢは１９６８年にジュネーブで誕生した教育プログラムです。

２０１３年5月25日に広島女学院大学を会場として開催された「第１回国際バカロレア広島フォーラム」で文部科学省大臣官房国際課国際協力企画室長（当時）永井雅規さんが行ったプレゼンテーションは「国際バカロレア ご存じでしょうか？」というスライドで始まりました。それがＩＢの日本国内での普及の物語の始まりでした。

当時私は広島女学院大学でＩＢ調査研究室室長を務めていて、「より平和な世界の構築」（「ＩＢの使命」より）を目標とするＩＢのフォーラムを平和都市ヒロシマで開催することに大きな意義を感じながら準備にあたりました。全国各地から多くの方が出席したこのフォーラムの後、２０１３年6月14日の閣議で政府は「一部日本語による国際バカロレアの教育プログラムの開発・導入等を通じ、国際バカロレア認定校等の大幅な増加を目指す（２０１８年までに２００校）」という目標を閣議決定することになります。

このように2013年から国としてIBの日本国内普及を推進することになりましたが、私はその前年2012年から文部科学省の面々とその準備のための作業を進めていました。とくにお世話になったのはその後文部科学事務次官になった山中伸一氏でした。私が文科省に協力を求められたのは日本人としてIBの現場に最も長い時間関わっていた者だったからです。前にも書きましたが私がIB教員としてIBの授業を行ったのは1991年からでしたから、そのように長いIBの現場キャリアをもつ日本人教員はいなかったからです。

このIBの国内普及の開始に間に合うように私は2013年3月に『国際バカロレア入門――融合による教育イノベーション』（学芸みらい社）を上梓しました。この本の前にもIBに関する日本語の書籍が何冊かはありましたがそのいずれもが研究者の手によるもので、私のような現場の教員の手によって書かれたものは初めてだったと思います。

その後、IBの普及のための講演や執筆や学校への助言などを続けてきましたが、ここ数年は幸いなことに私の後を引き継いでくれる人たちが少しずつ増えはじめ、IBに関する日本語の書籍もそのような方々が次々と出版され、大分数が増えました。TOK（Theory of Knowledge）とかCAS（Creativity, Action, Service）とかUOI（Unit of Inquiry）とかIBには「それって何？」と感じさせるさまざまな専門用語がありますが、今はそれらの本を読むことによりかなりの情報を得ることができるようになりました。

ということで、本書ではそれらのＩＢ紹介本、解説本、実践記録本とは異なる視点からＩＢについて説明していこうと思います。

ＩＢはなぜ世界に広がった？

ＩＢのように複数の国で実践されている教育プログラムとして、シュタイナー教育、モンテッソーリ教育、ドルトン・プラン教育、イエナ・プラン教育、フレネ教育といった名前が思い浮かびます。個人的には私の二人の子どもは小学生の頃イギリスのシュタイナースクールに通っていたのでシュタイナー教育については少し知っています。といいますか、実はロンドン郊外で購入した自宅はシュタイナースクールまでとても遠かったのでシュタイナースクールのそばに引っ越すという孟母三遷的な引っ越しまでをイギリス内でしたのですから、シュタイナー教育への思いには深いものがありました。

シュタイナースクールの世界での数を調べますと、１９１９年最初のシュタイナー学校がドイツで開校し、２０２１年5月現在で世界で１２５１校／１９１５園となっています。

ＩＢはどうでしょう。１９６8年にスタートしたＩＢを実施しているのは２０２１年

12月31日時点で世界159以上の国・地域において約5400校となっています。

ただシュタイナーの場合はシュタイナー教育を実践するために新しい学校が作られ、学校全体がまさに「シュタイナースクール」なのですが、IBの場合はIBを実践するために学校が作られるといったケースはそれほど多くはなく（日本でしたら小林りんさんが作られたUWC ISAK JAPANや私が学園長を務めていたChiyoda International School TokyoなどがIBの実践を目的として新設された学校としてありますが、ある意味例外的なケースになります）、IBの場合は、学校での教育の一部にIBを取り入れるという形になることが普通です。たとえば都立国際高校の場合でしたら1学年230名の内IBコースで学ぶ生徒は25名で、ほかの生徒はIBでないカリキュラムで学びます。IBを実施する高校ではこのような形になるのが一般的です。

そのような形ではありますが、やはりIBを採用する学校は広く世界にまたがっているということは間違いありません。では、なぜ、IBはそのように広く世界で共有されているのでしょうか。

IBの誕生

IBが生まれた1968年頃の状況をみてみましょう。第二次大戦後の混乱が一定収まり（もはや戦後ではない、という言葉が日本の経済白書に書かれたのは１９５６年でした）、世界では諸国間の相互依存関係の高まりによる外交関係が活発化し、経済面では国境を越えてビジネスを展開する世界規模の企業が発展しはじめました。

そのような時代状況を背景としてジュネーブ、パリ、ロンドン等のヨーロッパの国際都市を中心に、新たに多くのインターナショナルスクールが誕生するようになります。母国の学校制度から離れてこれらの学校で学ぶ生徒の数が増え、そのような生徒たちの大学への進学を保証するためのシステムが必要になってきました。１９６８年、母国の学校制度から離れてインターナショナルスクールで学ぶ生徒の大学への進学を保証するためのシステムとしてのＩＢの最初のプログラムであるディプロマ・プログラム（略称ＤＰ）が実施されました。

このＩＢ誕生のプロセスで注目すべきことは、ＩＢには、その誕生の段階から、多くの国々が関係していたということです。国を越えた、それまでになかった、そしてこれから必要になるだろう国際的な教育を生み出そうという気運のようなものがそこにはあったと思うのです。それはヨーロッパだけに限っていうなら、規模は異なるにしても、後年のＥＵ結成の気運と似ているものがあったように感じます。

そのＩＢ誕生の気運の先駆けになったのはジュネーブ・インターナショナルスクール

の校長を務めたMarie-Thérèse Maurette（マリ・テレーズ・モレット）が１９４８年、第二次世界大戦の終了直後にユネスコに提出した『平和のための教育方法、それは存在しているか？』と題されたＡ４用紙20ページの文書です。その文書こそＩＢの基本の枠組みを最初に示したものと考えられており、ＩＢ誕生に関わった人たちはその文書のなかの次のような内容に強く惹かれていたと思います。

「教育というものを通して国際協力の心と平和の心を育てる方法をユネスコは学びつつあります。そのような方法は存在していますか？　そして国際協力の心と平和の心を育てる方法とはそもそもどういう意味でしょうか？」

そして彼女はジュネーブ・インターナショナルスクールでの教育実践を踏まえ具体的に次のような提言を行っています。

・バイリンガル教育を推進すること。
・生徒が世界の問題を考えるためのディベートを推奨すること。
・スポーツやコミュニティーサービスや校内での活動に参加すること。
・それぞれの国の生徒が小さなグループになり、週1時間、母国の文化を学ぶこと（ただし世界地理や世界史の学びがこの時間に計画的に付随されること）。

・歴史の授業、地理の授業は世界史、世界地理からはじめること。

実際にＩＢの教育内容はマリ・テレーズ・モレットのこの提言をほぼ１００パーセント実現したものになっていることを考えると、ＩＢを生み出すために集まった人たちは、間違いなくこのような考え方にもとづいた国際教育プログラムの誕生を強く願っていたのだと思われます。彼らの多くはその時点ですでに国や文化や民族や人種の壁を容易に越えることができた人たちであり、２か国語もしくは３か国語以上の言語を操る人たちでした。「mobility」、すなわち「国境を軽々と越える力」をもった人たちであったといえるでしょう。そのような人たちが作り上げていった教育プログラムが２か国語を学ぶプログラム（ＩＢのＤＰでは6科目のうち2科目、すなわち学習の3分の1が「言語」の学習になっています）になったことは至極自然なことだったと思います。なぜなら彼らは、自分たちのもつ言語能力がそれから先の世界においてより重要性を増すだろうことを、経験にもとづいた優れた見識により予見していたからです。

現在、ＩＢが世界に広がっているのは、ＩＢがその出発点から多くの国の人々の力が集まり生み出されたプログラムであったためだといえます。シュタイナー教育の生みの親のルドルフ・シュタイナーは宇宙的な哲学者といえますが、自らが描く教育が国を越えて広がることについては、とくに考えてはいなかったように思います。

もう一人、忘れてはいけない人がいる

なぜＩＢがこれほどまでに国際的な展開を次々と実現していけたのかを考えるにあたって一人の人物に注目する必要があります。それはＩＢＯ（国際バカロレア機構）の初代事務局長を務めたAlec Peterson（アレック・ピーターソン）です。

１９０８年にイギリスのエジンバラで生まれたスコットランド人であるアレック・ピーターソンは教育者であり、かつ第二次世界大戦中は従軍し、戦後も１９５４年までは軍に関わる仕事を続けています。軍での体験、そこで培われた人脈が、後にＩＢが各国レベルで認知される時に役立つことになります。

アレック・ピーターソンはイギリスの大学入学準備制度（A level）が、極端に科目数を絞り込んでいることに強く反対していました。また批判的分析力の獲得を、百科事典的知識や暗記といったものより重要視していました。しかし当時のイギリス国内においてはきわめて斬新だった彼の主張はイギリス国内では通ることはなく、彼の教育者としての熱い思いはＩＢへと必然的に向かうのでした。

アレック・ピーターソンの考え方と行動を見ると、ＩＢがアレック・ピーターソンと

いう、教育者としての深い信念と確信、そのために振るう政治家的な手腕、理想の実現のために心血を注ぐ情熱、といったものを兼ね備えた一人のカリスマ的な人物なくしては成立しなかったのではないかと思えます。

実際、彼はＩＢのために、十分な人手がなくても、事務的処理、あらゆる交渉事、さまざまな会議を、まさに昼夜を惜しんで片付けていき、ＩＢ誕生にたどりつくのです。信念をもった教育者であり、時代に先駆けた国際主義者であり、そして第二次世界大戦の従軍という体験を背景にした平和主義者であったアレック・ピーターソン。とりわけ彼の国を越えた政治力は類いまれなレベルであったように思われます。彼はその政治力によりアメリカのフォード財団からＩＢのため30万ドルの拠出金も獲得しています。政治力と書きましたが、違う言い方をするなら、それは彼の類いまれな国際的コミュニケーション能力、と言ったほうがよいかもしれません。まさにＩＢが、それを学ぶ生徒たちに身につけてほしい国際的コミュニケーション能力のお手本を、そのとき彼はすでに示していたのです。

西洋知としてのＩＢ

ここまでＩＢが世界的な広がりをもつ教育プログラムになっていく背景をみてきまし

たが、もちろんいちばん大切なのはその教育内容がどのようなものであるかということであり、個人や組織の政治力の有無だけが今のＩＢの世界的な広がりの決定的要因になっているわけではありません。ＩＢの文章のなかでよく使われる言葉に「意味のある」という表現があるのですが、まさにＩＢの教育内容が「意味のある」ものであるから、世界の多くの国で実施されているのです。

それでは日本はＩＢとどのように関わってきたのでしょうか。

１９７８年に「国際バカロレア政府間常設会議（Standing Conference of Governments, SCG）」で、各国政府がＩＢを支えるための分担金を拠出することになり、その翌年から日本政府も分担金を拠出するようになりました。少し前のデータになりますが２００７年に日本は２９７万円を拠出しています。これはスイス・ドイツ・ノルウェーに次ぐ4番目の額になっています。

２０１２年、私が文部科学省のみなさんとＩＢの国内普及に関する打ち合わせを進めていた際、この拠出金の話題になったことがありました。そのとき、この拠出金がなぜ払い続けられているのか省内でも実はよくわかってはいない、との話がありました。国民の税金の使い道なので本当はちゃんと説明がつかないといけないのですが。文書的には「昭和54年、我が国における高等教育機関等の国際化を推進する上で、国際バカロレア事務局の果たす役割の重要性に鑑み、同事業への参加を決定し、以来毎年拠出金を支払っている」となってはいますが、国内での具体的な取り組みにはつながっていなかったということで、何か宙に浮いた感じの拠出金になっていたように思います。

あくまでも想像ですが、１９７９年という段階では、日本にはまだ、世界の流れに乗り遅れてはいけない、というある意味必死でしかし健気な思いがあったのではないでしょうか。とりわけＩＢのように西洋の人々がリードするものに対してはよくわからなくてもついていく。実際ＩＢについては拠出金の決定の後で国立教育研究所がＩＢに関しての調査をしたりしているのでした。

優位な西洋に追従、というまるで明治維新の時のような現象であったように思える当時のＩＢへの関与ですが、このような日本とＩＢの出発的関係から一つの重大なＩＢの真相がみえてきます。ＩＢとは、長い時間のなかで西洋で形造られてきた知識の体系、すなわち「西洋知」の結晶であるということができるように思うのです。

一つのエピソードを紹介します。ＩＢには「ＴＯＫ（Theory of Knowledge：知の理論）というＩＢを象徴するような科目があります。ＴＯＫについての説明は非常に長くなりますので、とにかくきわめてＩＢ的な科目というふうに思ってください。このＴＯＫに東洋哲学も含むべきではないかとの提案が１９８０年、アメリカのプリンストンで行われたＩＢ校長会議で議論されました。しかし東洋哲学は哲学でないという理由で、その案は退けられました。

東洋哲学への無理解、偏見、そして、ＩＢが西洋知として成立していることを示す典型的なエピソードだといえます。その後２００７年にＩＢは「真の国際プログラム」を目指し、東洋を含め世界に目を向けることを宣言はしましたが。

私は「ＴＯＫ」に関しては国際バカロレア機構に所属していた翻訳者の大山智子さんと二人で『知の理論（ＴＯＫ）指導の手引き』の英語版を日本の教育関係者のために日本語に翻訳しました。これは国際バカロレア機構と文部科学省が進めていたＩＢの日本国内での普及のための仕事です。そのとき、その手引きに含まれていた「参考図書」は、すべて西洋のもので、かつ日本語に翻訳されていたものはほとんどなく、大山さんと相談して「参考図書」のページはすべて英語のままにすることにしました。

このように、ＩＢは国際教育プログラムとして高い完成度をもっていることは確かですが、それはあくまで西洋知の産物であるということは、日本でＩＢを「意味のある」ものにする際に、大きな壁になっています。

日本の学校のＩＢ教員は、一様に、多少疲れが見えます。ＩＢに魅力を感じ、力を尽くしている先生方ですが、まず日本の学習指導要領との両立という作業が、多くの精神的、時間的負担になっていることがあります。それでも教師という仕事のすべてがそうであるように、ＩＢの先生方も目の前の生徒たちの存在に支えられて頑張り続けることができています。

そして私は、日本の学校のＩＢ教員のみなさんは、もう一つ、言語化するのがなかなか難しい相手と戦っているように思えます。それはＩＢのもつ西洋知との戦いです。国を越えるはずのプログラムが国によって行き詰まる、といった皮肉な現象が起こっています。

それではどのようにしたら日本でＩＢを「意味あるもの」にできるでしょうか。

今回の本書のキーワードである生命知、それにもとづき、ＩＢの理念、内容、方法を、日本の子どもたち用に翻訳（言語の翻訳という意味ではなく、意味や方法の日本的な読み替えという意味で）していくならばＩＢを日本の子どもたちにとってもっと「意味のある」ものにしていくことができていくと思います。生命知で教育を組み立てていく。私がＩＢを「未来の教育設計図」の「原体験」となりうると考える理由はそこにあります。

西洋知に対して、それが客観性をもった絶対的なものであり、唯一の人類知であり、普遍的なものである、という（明治以降綿々と潜在する）囚われから解き放たれること。そもそも客観とは主観が他者との共有を目的として仮に作ったものにすぎません。そのようなものに絶対性をみる必要はありません。

生命知には、前に書いたように、その国に流れる無意識化の価値観や感じ方が出てきます。その国固有の生命知をＩＢと向き合わせたとき、ＩＢは深く「意味のある」真に国際的なプログラムとして、日本の子どもたちのために機能するはずです。

再びＴＯＫを例にしてみましょう。ＴＯＫの授業の一つの形として、ある文章の「主張」を捉え、それを「ＴＯＫ思考法」で分析し、「根源的な問い」というある種の概念形成に至るというものがあります。この「ＴＯＫ思考法」で分析を進めるときに、実はそれはかなり西洋的な手法なので、そこでしっかり生命知を意識し、生命知と向き合い、そのことにより「日本」を含み込み、かつその生命知には、すべての生物、そして地球の生命知をも含めていけるなら、ＴＯＫの授業を生命知に依拠した形で展開することができるようになるはずです。

もう一つ、これは日本だけではなく、世界のどの国でもＩＢを実施する際に現実的にぶつかっている壁があります。それは、理想と現実の乖《かい》離、という壁です。

ＩＢは「より良い、より平和な世界を築くことに貢献する、探究心、知識、思いやりに富んだ若者の育成」を使命として掲げています。ところが残念ながら現実的にはこの本の執筆中にロシアのウクライナへの軍事侵攻が起きてしまいました。ＩＢの希求する理想と世界の現実との悲しい乖離。だからこそＩＢの重要性が今ほど高まっている時はないのだという思いがＩＢ関係者のなかで語られたりしているのですが、現実に理想が押しつぶされそうになっていることは否定できません。しかしそのような時にこそ、それぞれの国で生命知のなかでＩＢを捉えること。そして人のもつ生命知が、人間間だけでなく、ほかの生物の生命知、地球の生命知と交感し、感応し、世界の平和を考えること。生命知の本質からそれぞれの国ごとで異なる色のＩＢが生まれ、それぞれのやり方で平和を希求していくこと。真の国際教育プログラムとはそのように国によって異なるアプローチを生み出していくものだと思います。

ＩＢはそのようにして、掲げている理想、より良い、より平和な世界に近づいていくことができると考えています。

私は、ＩＢのプログラムが、本当に日本の子どもたちにとって「意味のある」ものになる可能性を信じています。

ＩＢと生命知のマリアージュ。そこに限りない可能性をみるのです。

ＩＢは教育改革のモデルとして国としての普及促進が図られています。私は、ＩＢのモデルとしての役割が、教育を生命知によって成立させる、という形でも示されることを夢見ます。

教育を生命知にもとづき成立させていく。ＩＢの場合は西洋知と日本の生命知というある意味異文化間マリアージュとなりますが、より困難なそれを進めることにより、日本のすべての教育を生命知をよりどころにして組み立て直す、その「未来の教育設計図」の描き方が見えてくる、すなわちＩＢ校が先行的に「未来の教育設計図」を描いていってくれればと願うのです。

ここまでＩＢと生命知とのマリアージュに必要なＩＢに関する説明をしてきました。日本語でＩＢを学ぶ子どもたちにとって、より学びやすいＩＢの学び方がある。ＩＢに関して伝えたかったことはその一事に尽きます。ＩＢについてさらに詳しく知りたい方は現在では多くの日本語の本がありますのでぜひ手に取ってみてください。

心がまもられる空間

次に二つめの「原体験」について書いてみたいと思います。それは、昔、昔、あるところに、本当にあった学校です。

その学校のことを知っていただくための方法をいろいろ考えてみましたが、まずある雑誌に掲載されたその学校の記事の抜粋を読んでいただくことにします。

『心がまもられる空間』と題された記事です。

『心がまもられる空間』

〔心を支える確かな柱　～そこに駆け込める場所があり、相談できる人がいる～〕

「まずは自分一人で頑張ってみて、それでも一人で頑張りきれなくなったなら、必ず倒れてしまう前に『そばにいる誰か』に相談するのですよ…」

これは、千里国際学園に通うすべての子どもたちが、入学時に大迫校長先生からかけてもらう言葉である。校長先生の言う『そばにいる誰か』とは担任の先生であり、教科の先生であり、時には校長先生自身であったりもする。しかし、千里国際学園において、『そばにいる誰か』の中心的存在は、間違いなく「スクールカウンセラー」であるといってよい。

この学園の子どもたちの心を支えているのが、カウンセラーの栗原真弓先生である。入学後間もなく、カウンセリングに関する最大20人規模でのグループオリエンテーションが行われる。その後3～4週間を経た頃に、新入生はみな、各自のアンスケジュールタイムや放課後の時間を利用して、一度は栗原先生と2人で会うためにカウンセリンググルームに足を運ぶことになっている。その後数年間にわたる学園生活のなかで、頻繁にカウンセリンググルームを利用する生徒もいれば、一度もカウンセリングを受けずに卒業する生徒もいる。しかし、何かあったときにはいつでもそこに駆け込める場所があり、相談できる人がいると思うだけで、一人ひとりの生徒の心は穏やかに、そして強くなれるに違いない。そして、とにかく最初に一対一の面識をもっておくことで、まだまだ日本では聞き慣れない、カウンセリンググルームという場所やカウンセラーという人は、ぐっと身近になっているのである。

〔学園そのものがカウンセリンググルーム(?!)　～違い≠「間」違い～〕

そもそもカウンセリングの目的は、クライエントの心を癒しながら、自己信頼を高め、自己実現へと導くことであるというが、帰国子女や外国人子女であるという特性に起因する心の問題は、カウンセリンググルームまで行かなくとも、千里国際学園に通うこと自体で解消されている部分が少なくないと言えるだろう。栗原先生によると、千里国際学園をはじめ多くの帰国子女を受け入れている学校の良いところは、「背景の違いを『間』違いとして認識しなくてよいこと」であると言う。違いを「間」違いとして認識させられてしまう場においては、個性や能力が発揮できなくなったり、仮面をかぶったり違いを隠したりという結果をもたらしてしまうことも多い。すなわち心が傷つき、自己信頼を失った状態に陥ってしまうことになり、カウンセリングを必要とすることになる。違うことや、できないことを責める傾向がある日本で、とくに帰国子女や外国人子女が明らかにマイノリティーとして存在する場所においては、違いは「間」違いとして認識されてしまうことが多い。しかし千里国際学園という空間においては、違いはあくまでも違いにすぎない。育った場所の違い、話す言葉の違い、国籍の違い……そんな違いもすべて、今の自分を形作る一つの要素として受け入れることができる環境なのである。

この学園に通える子どもたちは、もうすでにそれだけで幸せであると思える。しかしそのなかでも、学校や先生たちとの社会的空間でもなく、親や家族とのプライベート空間でもないカウンセリングルームには、多くの子どもたちが集まる。学園のなかで違いを「間」違いとして認識しなくてよいことのプラス面は大きいものの、帰国子女や外国人子女が日本という社会で生きることそのものや、それによって背負うことになる負担がそれ以上に大きいということなのかもしれない。あるいは学校に通うということ、あるいは生きるということそのもののために、やはりオアシスとしてのカウンセリングルームが必要なのかもしれない。

〔一人ひとりの心がまもられている〕

ある生徒が栗原先生に「ほかの人の悩みをスポンジみたいに吸い取って、その吸い取った水はどこで吐き出すの?」と聞いたというが、栗原先生には本当に不思議な力を感じる。取材に伺った私まで、元気をもらって帰ってきたという具合である。当の先生は「これほどシンドイ仕事はないですね」と言いながらも、相変わらず優しく微笑んでいる。そして言葉は、「子どもたちの笑顔が好きですね」と続くのである。

充実したカウンセリングシステムからも、そしてまた、穏やかさのなかにも子どもたちに対する熱い思いがあふれている校長先生や栗原先生の表情からも、学園の子どもたち一人ひとりが大切に見つめられていることが伺える。「子どもたちのことを、まず120%考える」という大迫校長の言葉が思い出される。千里国際学園の子どもたちの笑顔が活き活きとしているのは、帰国子女でも外国人子女でもマイノリティーにならないということよりも、彼らの心を支えてくれる、強い味方がいるからなのかもしれない。

(取材・文　金千佳)

さて、この学校のことをどう思われたでしょうか。そしてこの記事が書かれたのはいつのことだと思われるでしょうか。この記事は『月刊 海外子女教育』という雑誌の2002年5月号に掲載されたものです。20年前の記事なのです。つい最近の記事といってもだれも疑わないのではないでしょうか。当時から「先に行きすぎている学校」と言われ、理解してもらうのが難しいとも言われていました。

自分が長く責任者を務めた学校なので、思い入れが強すぎ、ひいき目に見てしまっているところもあるかもしれません。ですからそれを差し引いて読んでいただくことも必要かと思うのですが、20年前にこのような教育が確かに存在していたことはお伝えしたいと思うのです。

校則なんてない・一人ひとりが違う時間割で動く・定期考査もない

ここで私は千里国際学園の宣伝をするつもりはありません。あくまで千里国際学園の教育を一般化した形で「未来の教育設計図」にたどり着くことが目的です。

ただ千里国際学園の基本情報は必要だと思います。それは以下の二つになります。

＊1991年に関西財界が設立資金100億円を出資して設立（バブル経済の時のことです）

＊帰国生の受け入れを主たる目的とする千里国際学園中等部高等部（略称ＳＩＳ）と関西在住外国人子弟の受け入れを目的とする大阪インターナショナルスクール（幼稚園から高校までの14学年、略称ＯＩＳ）の２校が「千里国際学園」の名のもとに同一キャンパス内でTwo Schools Togetherのモットーのもと、可能なかぎりの合同教育を行う。

２校の合同教育とは授業では言語系の授業、実技系の授業（音楽、美術、体育。基本的に外国人教員が英語により実施）、そしてＩＢの授業などで２校の生徒が一緒になります。それ以外に放課後のクラブ活動、生徒会活動、運動会や文化祭も一緒です。

そうするとどういうことが起こるかというと、まず「校則」といったものはない、というかそもそも作れない。多様な文化背景をもった生徒集団なのですから、世界のどの国でも通じるガイドラインしか共有できないのです。ですから校則といった細かな決まりの代わりに「５つのリスペクト」というものだけが共有されています。自分と他人と学習と環境とリーダーシップ、その５つへのリスペクト。それだけしかないのです。しかしそれでも学園の日々はきわめて平穏で調和的でした。

今、ブラック校則が話題になっていますが、そもそも校則がなくてもやり方によって学校はきちんと回ります。これも「未来の教育設計図」には含みたい。

ＳＩＳの時間割は、わかりやすくいえば、大学の科目選択のように、一人ひとりが、たとえば月曜日の1時間目にどの科目を取るかを決めます。生徒の多様性への対応を突き詰めていけば、全員同じ時間割、という考え方は成立しません。生徒一人ひとりが、自分だけの時間割で動くのです。そして授業では前に「これからの教育」として羅列した内容が30年前から普通に行われていました。このようなシステムも「未来の教育設計図」には含みたい。

またＳＩＳには中間試験や期末試験といった定期考査もありません。試験は各授業内で行われ、試験だけ受けて午前中に帰宅するような日はないのです。インターナショナルスクールには定期考査という発想がそもそもないので、大阪インターナショナルスクールと動きを共にするＳＩＳでも必然的にそうなるわけです。

校則にしても、定期考査のない学校にしても、ここ数年で話題になったりしていますが、もう30年前に、今、理想と思われる形を普通にやっていた学校があったのです。

千里国際学園の説明はここまでです。

大切なのは「未来の教育設計図」のためにいかにこれを一般化するかということです。

向き合う生命知

先述した『心がまもられる空間』に話を戻します。ここで登場した栗原真弓先生は本当にすばらしいスクールカウンセラーでした。

そもそも千里国際学園は校舎を設計する時から図2–1の図面のようにカウンセリングセンターをしっかりと含めていました。

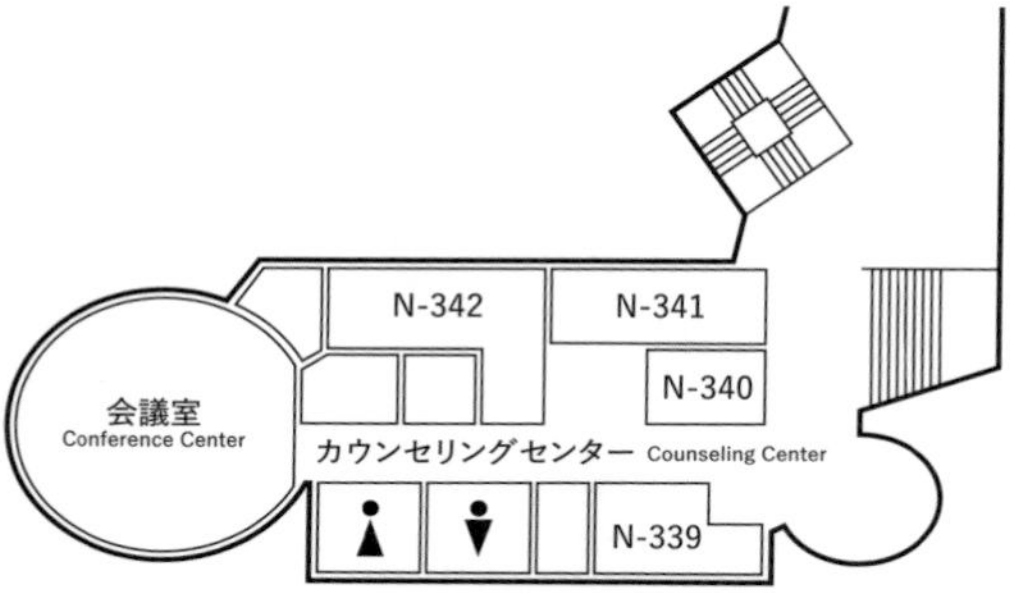

図2-1　千里国際学園の校舎の配置（一部）

栗原先生はN342を使い2校の生徒のために日英両語で精神面でのカンセリングをされていました。また隣のN341には英語ネイティブのフルタイムのカウンセラーが入り、おもに海外大学への進学の手助けをしていました。SISの生徒も海外の大学を選択することがあるのでその場合はそちらの部屋で相談をします。このような充実したカウンセリング体制を構築できたのは、校舎内にカウンセリングセンターという場所を広々と確保することが校舎設計時から決まっていたからです（加えてそのための人件費が確保されていたこと！　このようなことも「未来の教育設計図」には必要です）。

そのような条件のなかで栗原先生はまさに生徒一人ひとりの生命知に向き合っていました。そして栗原先生のことを思い出し、気づくのは、栗原先生もご自身の生命知を生徒に向けていたということです。

生命知にもとづく「教育設計図」において、先生の側も、一人の人間として、生きていくためにもつ『知』を、精神、身体、もしくは分別不可能な何かから信号、記号、そして力として表出していくことが大切なことになります。生徒だけではなく、先生も生命知をもつ生命体であり、その二つの生命知が向き合うこと、それが教育でいちばんの基本だと考えるのです。

「不来方のお城の草に寝転びて空に吸はれし十五の心」（石川啄木）

千里国際学園に関わり、私がもう一つ「原体験」と捉えていることがあります。

生徒が書いた次の文章を読んでください。

　　私が初めてこの里山に入ったのは、ちょうど海外から帰ったばかりで、日本にも、大阪にも、慣れることができなくて、しんどい思いをしていた頃だったんです。そんなときに人に誘ってもらって山に入ったときに、山に上がる分だけ心が軽くなるような気がしたんです。今もその感じはずぅっと続いています。私は生まれがコロンビアで、それから2、3年ごとくらいに引越しをしていて、ふるさと、というものがありませんでした。でも、今は『彩都山』という場所があることで、帰る場所ができたような気がしています。たとえば嵐の後とか、イベントの後とか、しばらく山に入っていなかったときとか、山の様子は本当に少しずつ変わってはいるのですけれど、必ず残っている何かがあるから、きっと、10年後に来ても、仲間と何かを楽しみながら、山に受け入れてもらえるような気がしています。

これを書いたのはチリからの帰国生徒で、その日彼女は、集団からちょっと離れ、一人でまさに山と大地と空に抱かれるように、目を閉じ、大空に向かい仰向けになっていました。私は少し離れたところから「彼女は何をしているのかなぁ」と見つめていただけでした。そのとき、彼女が、やっとこれでこれから日本での生活をやっていけそうだな、と心が解き放たれていたのだということになぞ気づくこともできませんでした。

彼女の文章に出てくる「彩都」とはＳＩＳの近隣にある里山を5年間という限定でＳＩＳが自由に使ってよいという『未来の学校』と名付けられたプロジェクトを行った場の名前です。彼女はそのプロジェクトに参加したのです。日本での生活、新しい学校での生活になかなかなじむことができなかった彼女にとってそれはとても勇気のいる決断だったはずです。でもその決断をした彼女は「場所」を見つけたのでした。

彼女をはじめ、生徒たちは重機も使わずに竹林を切り拓き、そこを「きょうしつ」にし、たくさんの「きょうしつ」からなる「がっこう」を作りました。それぞれの「きょうしつ」では彼ら発案の国際的な催しが世界の音楽家や芸術家や料理人により開かれ、最後は、これも彼らが切り拓いた広場のような空間に置かれた手製のステージでのフィナーレがありました。

彩都の里山は壮大なる教育実験場となりました。「学校」では思い切った教育実験というものを行うのはなかなか難しいものです。それがまったくできないわけではありませんが、どうしても「枠」に縛られてしまいます。しかし「学校」でなく、それを超えることを志向する『がっこう』である『未来の学校』では、枠にとらわれない、真の意味においての教育実験が可能なのでした。

『未来の学校』には閉じられた形の教室はありません。しかし「学校」でなく『がっこう』である『未来の学校』は「教室」を捨て『きょうしつ』をつくりました。里山という壮大な空間を『きょうしつ』とし、「教室」を越える教育の場を『未来の学校』は現出させました。

この『未来の学校』もまた私のなかでは本書の提言する「未来の教育設計図」につながる原体験として息づいているのです。

「未来の教育設計図」の原理

この「未来の学校プロジェクト」を終え、私はあるところに「脱偏差値宣言」と題する文章を発表しました。書いてからかなりの時間が経過している文章になりますが、私が現在までずっと引きずってきた、そして今回の「未来の教育設計図」に明らかにつながるものなので、お読みいただければと思います。

『脱偏差値宣言』

時代を変えられるものがあるとするならそれは教育と芸術。そのふたつが里山で結びつく。

「未来の学校」は具体的な時間・空間をもたない。その意味で限りなく自由な「がっこう」である。それゆえに教育の可能性の実験場になりえる。

私が彩都里山で見た教育の可能性とは以下のものである。

＊生徒の「自己成長」の仕組み
＊異種結合
＊世界視点（多文化理解）
＊教育の「場」に関する新たな発想
＊本物（専門家）の存在
＊生命認識（自然・地球）
＊全体としての教育デザイン
＊既成の「学校」への逆流

ひとつの検証例として考えたいのは8項目のなかの「生徒の『自己成長』の仕組み」についてである。

大人が企画したものを子どもたちにやらせるといった、それこそ画一で受身な教育スタイルの繰り返しではなく、あるいは、子どもたちだけで自由気ままに実施する、換言すれば、無目的的な責任放棄放任型でなく、アーティスト、地元住民、ディベロッパーなどさまざまな大人と子どもたちとの交流、協働作業を経て実施される、それは画一と受身から自立と創造へという教育の構造改革につながる、まさにこれから求められる教育スタイルの先行実践であった。

子どもたちの「自己成長」の仕組みは、実は千里国際学園がすべての教育カリキュラムに忍び込ませている最も本質的な教育手法であり、“education for life（人生のための学び）”という教育目標を実現させるための根幹の仕組みである。しかし、この仕組みは「教育」が「大人が仕組む企て」である場合は、創造的であり柔軟性に充ちているとは言い難い。大人たちの既成の思いや意図、あるいは子どもたちとは本来的に無縁な大人の都合（おもに資本の論理にもとづくそれ）により、無意識的に「子どもに与える」という傾向に傾いていく。そして結果として「与える大人、与えられる子ども」の構造が生み出され、「自己成長」の仕組みにはほころびが生じる。

教育において子どもたちの「自己成長」の仕組みをしつらえることは、かくかように、決してたやすいことではない。教育は子どもたちと大人たちの協働作業である、という主題を相当意識化していかないと、やはり既成の「学校」は越えられない。

“education for life”とは何か。

それは、自分が幸福になるために必要なことを学ぶことである。自分の周りの人と少しでもよい関係を作るために必要なことを学ぶことである。そして自分が属するコミュニティー、国家、そして世界のために、少しでも役に立つ人間になるために必要なことを学ぶことである。

「未来の学校」は、教育の目的としてそのことをはっきりと明示できたとき、また、そのための具体的な方法（おそらく前記の8つの領域をより検証して）を示しえたとき、本当に「未来の学校」という栄光ある名称をもち得るだろう。

時代を変えうる教育とはどのような教育か。私は「数値で表せないものを育てる教育」こそが「未来の学校」の教育であるべきと考える。

今も、その弊害を多くの人が指摘しているにもかかわらず、日本という国の教育は「偏差値」が王様だ。偏差値を否定している人も、今度は違うクライテリアをもち出し、新たな「数値」で生徒の序列化を図りたがる。とにかく「数値」で生徒を把握したがる。

「脱偏差値宣言」。

数値では測れない力を育むこと。

数値で測りきれないものを、生の豊かさとして受け止めること。おそらくは芸術の捉え方で。

数値で測れないことの不安定感を克服し、新たな位相で、人の幸福について考えられるようになること。

時代を変えられるものがあるとするならそれは教育と芸術。


以上がその時の文章です。その後の20年余りの時間の流れ、第1章で松田さんが書いたように世界は大きく変わり、ここで希求していた「未来の学校」は「生命知」と結びつくことにより、私のなかで「未来の教育設計図」としての形を取りました。

「未来の教育設計図」は、未来についてある種の欠落を予感しているだろう子どもたちに対して、人間としての根源的なリアリティー、夢と希望と勇気と愛を、子どもたちが子どもたちである間に感じてもらうために描かれるものです。それは"Learning for Self & Others"（自己と他者のための学び）です。他者とは同時代を生きる人々であり、過去を生きた人々、未来を生きる人々をも意味します。同時に、元は一つであった、人と他のすべての生物、そして地球を指します。

ごく最近、テレビからN高のコマーシャルが流れてきました。

『脱偏差値教育』

画面に大きく映し出されました。20年ほど前に私が書いた文章のタイトルは『脱偏差値宣言』。いよいよ時が巡ってきたのかもしれません。しかし、天の時は地の利に如かず、地の利は人の和に如かず、最後に求められるのは「人の和」です。それについては第3章で松田さんと一緒に考えてみることにします。

本節「二つの原体験」は、ＩＢと千里国際学園の話ではありません。私はＩＢと千里国際学園の、次のステージに向かいたいのです。それらはあくまで原体験として昇華され、止揚され、人として生きていくための設計図が書ける人を育てる「未来の教育設計図」が、生命知を羅針盤として、できたら詩のように美しく描かれていくことを夢見るのです。

5

ART！ ART！ ART！

教育における三つの最優先科目

イギリスのトニー・ブレア首相の言葉に「私に三つの最優先政策を挙げよと言うなら、一に教育、二に教育、三、四がなくて五に教育だ」というものがあります（英語は"I tell you; education, education and education"とeducationを3回繰り返しているのですが日本語訳としてはこれが流布していますね）。

私はこの節で次のような主張をしたいと思います。

「私に教育における三つの最優先科目を挙げよと言うなら、一に芸術、二に芸術、三、四がなくて五に芸術だ」

「胸がすっとしました」

ある地方都市の公立高校で先生方に対してＩＢに関する講演をしたときのことです。

時間は放課後、しかもクラブ活動の指導も終わってからの開始で外はすでに夕闇が迫っているような時刻でした。

会場に入ったときのいやーな雰囲気を覚えています。一日の仕事でもはや疲れ切っている時間帯に、東京から、文科省の依頼かなんかで偉そうにやってきた奴から、ＩＢとかいう訳のわからないものの話を聞かなきゃならない。笑顔で快くなんてありえない。よくわかります。そして、そのような雰囲気の会場に入ることは、実は初めてではありませんでした。まだ現場の先生方のほとんどがＩＢについて聞いたことがなかった頃のことですから。

そして、私は「先生方、一日の仕事でお疲れのことと思います。私もずっと現場で生徒たちと向き合ってきましたから、この時間帯は私も疲れ切っていました。明日の準備のこともあるでしょう。このような時間にお集まりいただくことを本当に申し訳なく思いますが、私もできるだけ簡潔な説明を心がけますのでどうか少しだけお時間をいただければと存じます。どうぞよろしくお願い申し上げます」と始めるのでした。

そして、ＩＢの紹介を始めます。すると、少しずつ、下を向いていた先生方の視線が私の方に向けられはじめるのです。それもいつものことでした。あれ、意外と面白いかもしれない、と興味を感じはじめてくださった瞬間です。

講演が終わると、何人かの先生が前に来て質問などをされるのですが、その日はある先生がこうおっしゃられたのでした。

「大迫先生、胸がすっとしました」

美術の先生でした。最初の頃は会場のいちばん後ろの席でそっくり返り拒絶の意思表示の座り方をされていた先生でした。

私がＩＢはいいなと思ったとても重要な理由の一つに、ＩＢは高校3年生まで芸術を必修にしていることがあります。高校2年生、3年生が学ぶＩＢプログラムはディプロマ・プログラムといいますが（略称ＤＰ）、そのＤＰでの教科としての学習は6科目あり、その二つが前にも書きましたように言語で、あとは社会、数学、理科、そして芸術なのです。ＩＢでは高校を卒業するまで芸術が基本的に必修なのです。

そのことを私はすばらしいと思いました。ＤＰはそもそも母国の学校制度から離れてインターナショナルスクールで学ぶ生徒の大学への進学を保障するためのシステムとして誕生していますからＤＰを修了した高校生は大学に、多くは世界の著名な大学に進学をしていきます。そのような彼らが高校卒業まで芸術を学び続けるのです。

そのことに大きな教育的な意味を感じＩＢに惹かれていった私ですので、私のＩＢ紹介ではどうしても教育における芸術の重要性に力が入ってしまいます。そして美術の先生が言ってくださったのです。

「胸がすっとしました」

副教科

日本では芸術が（保健体育や家庭科も）いわゆる「副教科」と呼ばれています。国数英社理がいわゆる「主要教科」と呼ばれ、芸術は「副教科」ということになっています。しかし学びに主も副もないはずです。あえて分けるというなら領域的に「科学教科（人文科学・社会科学・自然科学という意味で）」と「表現教科」といったところでしょうか。しかし今は前者にも「表現」の力を育むことが必要ですのでこの分け方もおかしいものになります。要するに「分ける」ということ自体がおかしいということに気づかなければいけません。教科に主も副もありません。すべての教科が主要教科なのです。

なぜ芸術は副教科かというとそれが芸術系の大学を除き大学受験には関係ないからです。いわゆる進学校と呼ばれる高校では学習指導要領で必修とされている「芸術」の単位はほとんどの学校で高校1年生の時に修得し、2年生・3年生では大学受験に直結する「主要教科」だけの学習を行っています。ちなみに私が現在指導している教育学部の大学生に尋ねたところ高校3年生の時に芸術を履修していた学生はほんの一握りでした。

これまでも公立の芸術系の高校があったり、また京都府立の高校では高校3年生まで芸術を置いている学校もあったりしますので（さすが京都といったところでしょうか）、これまでの日本の教育が芸術教育に関してまるで配慮しなかったというわけではありません。しかし芸術が大学入試とは関係しない「副教科」として、さっさと早めに済ましておく科目になっているのもまた事実でしょう。

私は芸術系に進もうと思う生徒だけではなく、すべての生徒が高校3年生まで芸術教科を人間の基本として学ぶことが大切だと考えています。芸術教育がすべての学びの根底に横たわるものとして存在するようになること、なぜなら芸術こそ生命体が生きていくためにもつ生命知として精神、身体、もしくは分別不可能な何かから信号、記号、そして力として表出されるものであるからです。

人はなぜ歌を歌うのか

「人はなぜ歌を歌うのか」という私の大好きな問いがあります。生活（生きること）に役立つものだけが人間の能力として備わっていると考えるダーウィンは、人間の音楽を生む能力を、生活に直接役立たないのに存在する不思議な能力であるといいます。

ジョージア生まれの研究者、ジョーゼフ・ジョルダーニアは世界中の伝統声楽の特性を調べ、単旋律（モノフォニー。独唱と考えてよいです）で歌う文化と、複旋律（ポリフォニー。合唱と考えてよいです）で歌う文化の分布から、歌う文化の歴史をみていきます。そして、一般的にはまず一人の歌があり、それが重なって合唱が生まれるというイメージがあると思いますが、そうではない、人類の進化過程においては合唱こそが重要であったと考えるのです。はじめにポリフォニーがあり、人類が言葉を獲得していく過程でモノフォニーが生まれたと考えるのです（『人間はなぜ歌うのか?』アルク出版企画）。

ジョーゼフ・ジョルダーニアは、爪も牙もなく足も遅い弱小グループであった人類の祖先が、敵から身を守るために歌を歌ったのではないかと仮説します。自分たちを強く大きく見せるためにはもちろん合唱が有効です。また食料を得る際にも食物になる腐肉を合唱しながら囲い込み、すでに集まっている獣を追い払うのです。さらに戦闘においても合唱は不可欠のものでした。肉食獣や他のグループと戦うとき、合唱で相手に強いメッセージを伝えると同時に、仲間同士で強い連帯感を生み出し、恐怖や痛みを感じにくくさせる高揚した精神状態をつくり上げるのです。音楽がトランス状態を生むことは体験的によくわかります。そして戦闘にはトランス状態が必要だということから戦闘とはいかなるものかを考えることができます。

人はなぜ歌うのか。それは身を守り、生きる糧を得、生き残るためだった。

写真2-1　ハリコフの地下鉄での演奏を一心に聴く少女
（2022年3月26日）

歌わなかった部族は地上から消えていった、というのが私が「人はなぜ歌うのか」という問いに対してずいぶん前に出合った解答でした。私はそれを非日常性としての芸術の存在価値（日常性だけでは人は潰れていく。コロナ禍の芸術活動の停止時に身に染みた思いですね）と考えていましたが、ジョーゼフ・ジョルダーニアは芸術の存在理由を生命体が生きていくための生命知に結び付けているのです。

コロナ時の芸術活動は不要不急のものとされました。しかし芸術は人が生きていくために、絶対に欠くことができないものなのです。

ロシアのウクライナへの軍事侵攻が続くなか、ハリコフという都市で多くの人の地下鉄構内での避難生活が1か月以上にわたったときに、毎年ハリコフで行われる国際的なハリコフ音楽祭（もちろん中止になりました）に出演予定だった地元の音楽家たちがその地下鉄構内で演奏する様子をテレビのニュースが伝えていました。そこに映し出されたのは、その苛酷な状況のなかで、目を輝かせて演奏を見つめる少女の姿でした。

芸術は不要不急のものではないのです。

それほど違わないのに

ＩＢのＤＰの「芸術科目」のねらいは以下のようになっています。

芸術科目のねらいは、生徒が次のようになることです。

1 生涯にわたって芸術との関わりを楽しむ
2 芸術の知識と振り返りの習慣をもつ批判的な立場から芸術と関わる人となる
3 芸術の動的で変化し続ける特性を理解する
4 時間、場所および文化を超えた芸術の多様性を探究し、その価値を認める
5 自信をもって的確に考えを表現する
6 認識および分析のためのスキルを培う

（『DP「美術」指導の手引き』より）

それでは日本の学習指導要領（高等学校、２０１８年告示）はどのようでしょう。「美術Ⅰ」の目標を見ていきます。

美術の幅広い創造活動を通して、造形的な見方・考え方を働かせ、美的体験を重ね、生活や社会の中の美術や美術文化と幅広く関わる資質・能力を次の通り育成することを目指す。

⑴　対象や事象を捉える造形的な視点について理解を深めるとともに、意図に応じて表現方法を創意工夫し、創造的に表すことができるようにする。

⑵　造形的なよさや美しさ、表現の意図と創意工夫、美術の働きなどについて考え、主題を生成し創造的に発想し構想を練ったり、価値意識をもって美術や美術文化に対する見方や感じ方を深めたりすることができるようにする。

⑶　主体的に美術の幅広い創造活動に取り組み、生涯にわたり美術を愛好する心

情を育むとともに、感性を高め、美術文化に親しみ、心豊かな生活や社会を創造していく態度を養う。

二つを比べてみてそれほど大きな違いは見られません。日本という国が、「芸術」を大切にしていないわけでは決してありません。先人たちが残してくださったさまざまな文化、芸術、芸能の遺産は大切にされています。

それなのに日本の教育の世界では「芸術科目」は軽んじられています。

芸術は人が人であるために、人が人としてあり続けるために、人の生命（いのち）の意味、役割を証していく、人間が最も奥深いところで行う生命知の活動なのです。

人間とは何か、生きるとは何か、幸福とは何か、愛とは何か。

「私に教育における三つの最優先科目を挙げよと言うなら、一に芸術、二に芸術、三、四がなくて五に芸術だ」

私はそう主張し続けたいと思っています。

写真2-2　「モナリザ」を鑑賞する人びと（1974年）

覚える芸術ではなく

写真2-2は1974年（すごく前になりますが）上野の東京国立博物館にモナリザが「やってきた」ときの様子です。「やってきた」と書きましたが、まさに、やってきた、という感じだったと思います。

さてこの写真に写っている人たちはモナリザの「鑑賞」後、いったいどのようなことを語ったでしょうか。

「モナリザを見に行ったよ。すごい人だった」

モナリザを見たという出来事は語られます。しかしその名画から自分が感じたことはあまり語られない。日本人の美術鑑賞は作品より作品の横にある解説を熱心に見ると海外の人から皮肉まじりに言われることがあります。

「覚える」ことが中心の教育の結果だと思うのです。「覚える」のでなく「感じる」ことが大切なのに。

現在、調べようと思えばほぼなんでもググれば出てきますね。そしてググって得た知識を利用し毎日の生活をつつがなく送る。私も正直、よくググります。

ググることがいけないわけではありませんが、しかし知識の塊ともいえるネット上の情報に寄りかかりながらの毎日は、「覚える君」の教育の結果の「覚える君」としてのライフスタイルに思えます。本当に人として幸福な生き方、充実した生活とは、ググっても出てこないようなテーマと向き合いながら生きていくこと、ググっても出てこない自分だけの感じ方や考え方を大切にしていく、そのような選択であるような気がします。

芸術教育が知識ではなく（作者名も作品名も年代も何派に属するかも知らないでよい）、ただ「感じ」、それをできたら言葉にし、「考え」「伝える」ことにもつなげていくものになっていくこと。

高校の卒業まで、生命知で「感じ」「心を動かし」、そこから出る「考え」は決して一つではない芸術教育を継続していくこと。

生命知が、芸術教育のなかで活《はたら》きを見いだせますように。

に思います。

アーティストたちよ！

日本の学校で、さまざまなこれまでなかった「芸術教育」のための工夫はできるように思います。

その一つは教員免許をもっていない人に教壇に立つ機会を与える「特別非常勤講師」にさまざまなアーティストを招くことです。音楽家、舞踏家、画家、詩人、演劇人、伝統工芸の職人、こうしたプロフェッショナルたちに実際に教育に参画してもらう仕組みをつくることです。朝日新聞が行っているオーサー・ビジット（もともと欧米で生まれたものです）のようにすでにそのような方々が子どもたちに接する企画はありますが、オーサー・ビジットのような1回きりのものではなく、カリキュラムに組み込まれた連続性をもった取り組みにする必要があります。

アーティストたち、プロフェッショナルたちも多くはどこかの時点では日本での教育を受けていると思いますが、日本での教育のなかで芸術に自分の生き方を見いだしていった生き方、考え方も、子どもたちにとっては大きな学びになるはずです。

放課後の活動でも個人レッスンや集団的指導（ダンスや演劇やミュージカルや能など）に指導者として参画してもらうのも一案です。先生方の働き方改革の一助になるという面もあるでしょう。

コロナ禍のなか、多くのアーティストが仕事を失いました。個人的には彼らの支援の活動をしました。しかし、コロナ禍に限らず、とくに若いアーティストたちが、なかなか十分な収入を得られない現実があります。その意味でアーティストたちを支えることにもつながります。

芸術の発展はすそ野を広げることが大切です。教育を通して、子どもたちがそのすそ野になっていくことと同時に、若いアーティストを支えていくことも、社会として大切になります。

ただ子どもたちと直接に接するのですから、子どもたちを守るために、海外の学校での教員採用では提出が当たり前になっている「犯罪経歴証明書」の提出は必須とし、子どもたちの安全は守られなければなりません。

芸術の学びは科目としての個別の学びであることは言うまでもありませんが、同時に、子どもたちのほかのすべての学びをも豊かにする活《はたら》きもするでしょう。芸術教育によって磨かれていく感性（それも生命知から発出されます）がほかのさまざまな教科の学習とつながっていくなら、学びの全体が、単に試験でよい点数を取るための学びから、生きることにつながる「深い学び」にその質を転換させていくはずです。感性に支えられた各教科での学びは、教科そのものの深い理解を生み出すはずです。「意味」を「感じる」

ことができるようになるなら、それこそが「深い学び」なのです。

梅原猛の『人類哲学序説』にある「内面的空間への回帰」という言葉のことを考えます。「内面的空間への回帰」とは人が人として考え、感じるということを内面的空間においてきちんと行うということです。スピードが勝負で、新しい時代に乗り遅れまいと必死になり、いつのまにか大切なものを置き去りにしてきたこれまでの時代。人は内面的空間というものの存在そのものを忘れてしまったかのようです。

私たちは感じ、考えることをして、はじめて人でありえる。できるならできるだけよいことを考え、美しいことを美しいと感じ、内面的空間に回帰していくこと。そのように生命知がはたらきを得、ＡＩさえをも含み込んだ調和的な世界を想像力をもって構想していければと思うのです。

東大受験資格

本節の最後に小さな提案をしてみたいと思います。

東京大学は１学年約３０００名ですが、そのなかで高校３年生の時に芸術科目を履修していた学生は何名いるでしょうか。もし東大の学生が全員高校３年生まで芸術を履修していたなら、彼らの多くが大学卒業後に果たすであろう社会的役割を考えたとき、今とは違った役割を果たしてくれるのではないかと夢想したりするのです。

生命知として、芸術がある。それを大切にするカリキュラムをつくることにより、カリキュラム全体が生命知によって成り立ちはじめる。

点数より大切なものがある、もしくは、点数で測れないものを大切にする。生命知にもとづき成立する「未来の教育設計図」の基本理念です。

6 たくさんのたった一つの学校が生まれますように

情報の自分化

私は大学で教員を目指している学生たちの指導をしていますが、彼らには、情報を自分化するように、と常に話しています。

情報が渦巻き、あふれかえり、そのなかで溺死状態ともいえる現代の学生にとっては、大学での学び、すなわち「知」と呼ばれるものでさえ単なる情報の一つに思えているかもしれません。１９８９年にワールド・ワイド・ウェブ（www）を始めたティム・バーナーズ・リーが30年後の現在「インターネットは壊れてしまった」と言っている、その言葉はとても重要です。大学での「知」はリアルの形で伝わっているものなのでネット上のバーチャル情報とは本質的に異なるもののはずですが、情報慣れした学生にとっては、大学での学びも自己に流れ込んでくる情報というレベルで脳内に入り込んでいるものになっている可能性もあります。メディアリテラシー、すなわち「メディアから信じてよい情報を選択できる能力」についてはそれなりに学んでいるはずですが。

私が専門としているＩＢについても、ＩＢに関する「情報」はかなり膨大なものになりますので、それを脳内に流し込む（覚えようとする）だけでは学ぶ意味はないと学生には伝えます。その「情報」を自分のものにすること、すなわち、自分化したＩＢを現実（先生としての仕事）に生かすことを目標にするように伝えています。

実際のところ、彼らが働く場所はＩＢ校以外になることが多くなります。なぜなら日本国内のＩＢ校には数に限りがあるからです。ＩＢ校としては、大学あるいは大学院でＩＢを専攻した学生は喉から手が出るくらいに欲しい人材なのですが、学校数としては限りがある状況です。

それで学生たちは、学んだＩＢを、ＩＢ校以外で「活用」「応用」していくことになります。そのためにまさにIBを自分化していくことが必要になるのです。

自分化に近い意味の言葉として、自分事、という言葉があります。漢字から考えると、自分の「自」に近いものは「身」でしょうか。そして私は「一人称」という言葉も近いと感じます。情報を一人称のものにすること。

話は少し飛躍しますが、「人称」ということで言うと、これまでの教育は三人称で考えられていましたが、これからの教育は二人称、とりわけ二人称単数、すなわち「あなた」のために考えられるものになっていくことが必要です。教育はそのようになったとき、生命知にもとづくものになるのです。

自校化、学校の生命知

日本の小中高は２０２１年度、小学校が１万９３３６校、中学校が１万76校、そして高校が４８５８校あります。

イギリスに住んでいた頃、日本を紹介するテレビ番組で「日本の義務教育では教科書が決まっていて、学ぶ順番も決まっていて、同じ時に同じことを日本中で勉強しています。ですからいつ違う県の学校に転校することになっても全然困らないのです」といった内容が流れました。外国からはそのように見られているんだなと思いました。

しかし日本の学校が実際はそのように動いているわけではありません。

フィンランドで「いちばんいい小学校は?」という問いに対する答えは「家に近い学校」ということになるそうです。なぜなら、どの小学校でも同じ質の教育が行われているので、そうであったら家にいちばん近い学校がいちばん便利ということになるのです。

日本の学校は決してフィンランドのようではありません。

日本の学校は県により、地域により、そしてそれぞれの学校により、さまざまな姿をもっています。県民性の総体としての国民性、この国はそんなふうに成り立っています。夏の甲子園のみならず、教育の場で、県民性、地域性を強く感じる場面は数限りなくあります。

初めて大阪弁で三角関数の説明をしている数学の授業を見たときは、東京生まれの私にはとても新鮮に思えました。生命知による授業だったのだと思います。

学校はそれぞれの事情、背景を抱えています。そのなかで、縁あってお預かりしている子どもたちのために力を尽くそうとしています。小学校が1万9336校あるなら1万9336通りの小学校があってよいのです。地域の事情、もっと個別の学校の事情、それらがベースになって、その学校の方法が決められていかなければなりません。「未来の教育設計図」も、一つの定まった方法を押し付けるものではありません。

私は以前より学校はアメーバーのように柔軟に姿を変える生命体のような存在であるべきと考えていました。そして学校が生命体のような存在であるなら、そこには学校の生命知がある（無機物であるのでありえない考え方ではありますが）、関係者の生命知の集合体としての学校としての生命知があるといったふうに空想をするのです。その空想にお付き合いいただけるなら次のような言い方をお許しください。

学校がそれぞれの生命知を羅針盤に「未来の教育設計図」を描き、それぞれの学校が学校独自の教育を展開していくならば、日本の教育は今まで以上に豊かなものになっていく……。

さまざまな学校をもつ社会に

学校はさまざまであってよい。いえ、そうあるべきだと思います。とりわけ「多様性」と向き合うなかでは、多様な学校選択ができるように多様な学校が存在しなくてはなりません。

コロナ禍が子どもたちに及ぼした影響はこれから少しずつ明らかにされていくと思いますが、すでに浮き上がっているのが不登校の子どもたちの数の増加です。２０２１年10月の文科省のデータでは「新型コロナウイルスの感染回避」により30日以上登校しなかった児童生徒数は、小学校1万4238人、中学校6667人、高等学校9382人となっています。

私自身は「不登校」という言葉自体、そのネガティブな響きから、ほかの言葉に置き換えられるべきだと考えていますが、ここでは一応そのまま使うことにします。同じく2021年10月のデータによると小・中学校における長期欠席者数は28万7747人（前年度25万2825人）。このうち不登校によるものは19万6127人（前年度18万1272人）、前述通り新型コロナウイルスの感染回避によるものは2万905人となっています。学校に行きたくない「登校拒否」と、行きたくてもいけない「不登校」。そんな分け方があります。このデータでは「登校拒否」は、学校に通学していない理由を「本人に係る状況（生活のリズムの乱れ・あそび・非行・無気力・不安）」とするグループとして「不登校」全体に含め、もはや「登校拒否」という言葉は使われていません。

いずれにせよ、子どもが学校に行っていない状態をもっと異なる切り口で捉えること、たとえば「多様な選択」という言葉を使うのはどうでしょうか。

子どもは選択している。学校に行かないことを選択している。それは学校に行くのと同じくらい意味のある選択、勇気のある選択、しっかりと支えてあげなくてはいけない選択（ここでいう「学校」は学校教育法第一条で定められた一条校を指します）。

2017年に施行された「教育機会確保法」（正式名称は「義務教育の段階における普通教育に相当する教育の機会の確保等に関する法律」）は不登校の子どもに学校外での多様な学びの場で学ぶことを認める法律です。これまでの「学校に戻す」ことを目的としていた方針から、学校への登校を強制せずそれぞれの子どもの状況にあった学習環境を保障し、子どもたちが（そして親たちも）登校の呪縛から解放されること、そして子どもたちが学校以外の場で「自立的に生きる基礎を培い、豊かな人生を送ることができるよう」にするためにその法律は生まれました。

このことに関連して思い出すことがあります。もうだいぶ前のことになりますが、海外駐在家庭では「日本の中学の卒業証書がないと日本の高校には入れない」と思われていました。法的な根拠はわかりません。とにかくそのように思われていました。それでどのようなことが起こっていたか。海外の学校に通っていた中学3年生年齢の子どもは、とにかく日本の中学校の卒業証書を取るために場合によっては単身で、場合によっては母親とだけ先に帰国し、日本の居住地の中学校に中3の3学期だけ在籍し卒業証書をもらっていたのです。そうでないと高校の段階で海外駐在が終わり帰国することになったとき、日本の高校には入れないことになるので。

法的には1日でも在籍していたら、たとえば中3の最後の1日だけでも在籍していたらその学校の卒業証書はもらえます。そのような極端なケースは（多分）なかったと思いますが、それでも３学期の１学期間、とくに海外での学校生活が長く、日本の学習指導要領とはまったく異なる勉強をしていた場合などは、全然何をやっているかわからない状態で１学期間を日本の公立中学で過ごすという、とても非教育的な状態を子どもに強いていました。また子どもにとっては、それまで必死になって頑張ってきた海外での学校での勉強を全否定されるような気持ちになることもあり、それは辛いものでした。

１９９０年代に関西の帰国生受け入れ校が先陣を切って日本の中学校の卒業証書がなくても海外でその期間きちんと学校に通っていた場合は高校入学資格を与えることを始め、このような事態は解消され、今は日本でもその形が主流です。主流ということはまだ「日本の中学の卒業証書がないと日本の高校には入れない」とする教育委員会もあるようなので。

なぜこの話を持ち出したかというと、ルールが子どもたちを辛い目にあわせる、ということが「選択」している子どもたちに今も続いていると思うからです。

ですから教育機会確保法の意味はとても大きいです。憲法第二十六条第二項で「すべて国民は、法律の定めるところにより、その保護する子女に普通教育を受けさせる義務を負ふ」とあり、教育基本法第五条第一項には「国民は、その保護する子に、別に法律で定めるところにより、普通教育を受けさせる義務を負う」と規定されています。そしてこれを受けて学校教育法に就学義務に関する具体的内容が規定されています。「教育機会確保法」を機に、それらの法の「解釈」についてここできちんとしておかなくてはいけません。そしてさらに現在「学校」以外の場所で学ぶことを選択した子どもは、一条校にも「在籍」する形になっています。1日も通わなくても。そしてその一条校から卒業証書をもらいます。

この一条校への在籍は、一条校の先生方にとってもさまざまな負担になっていますし（学校としては教室にいる子どもたちのためのことでギリギリまで頑張っています）、選択されたフリースクールと呼ばれたり、オルタナティブスクールと呼ばれたりする学びの場の先生方にも一条校とのやり取りは時間の取られるものです。加えて、通っていない学校に在籍だけしているといったグレーな状態は、子どもの精神衛生上、よいものとは思えません。世の中の仕組みだから、として問題を感じないように教えるのでしょうか。また、教育機会確保法が一条校へ行かなくてはいけないという精神的圧迫からの解放を目指すなら、一条校の仮の在籍はやはり矛盾します。

インターナショナルスクールに通う子どもたち

一条校の在籍について、別の例もあります。国内のインターナショナルスクールに通う子どもたちのケースです。

インターナショナルスクールは出発的には日本に住む外国籍の子どもたちのための学校（校内の言語は英語）ですが、日本人でも海外から帰国した子どもたちは以前からかなり多く在籍しています。そして最近はインターナショナルスクールの教育をわが子に受けさせたいと思う親の数と、インターナショナルスクールで学ぶことができる英語力を日本国内で身につけている子どもの数が急激に増えています。そこで「選択」が起こっています。一条校ではなくインターナショナルスクールに通学するという。

ところが日本には前述のように法に定められた「義務教育就学義務」というものがあり、義務教育の間は一条校に通わなければならないルールがあります。ですからインターナショナルスクールに子どもを通わせている親は一条校に子どもを通わせていない「就学義務違反」をしていることとなります。しかし、教育機会確保法の精神からいうとこの状態を「就学義務違反」とするのはもう時代遅れ、過去の遺物的発想としかいえないでしょう。

私が学園長を務めていた都内のインターナショナルスクールはこの「就学義務違反」

について東京都から厳しい「指導」を受けました。「就学義務違反」の保護者が多数存在しているということで。それは指導というより「強制」に近いものでした。都の担当者は単なるメッセンジャーで、その「指導」の裏に教育界に巣食う何かドロドロした教育の世界とは別物の力がうごめいているのを感じました。新しい風が吹くのを嫌う保守的事大主義集団。都の担当官に「今しているのは教育の話ではないのですか」と問いたくなる場面が多々ありました。

都の「指導」に従い保護者のみなさんはそれぞれが所轄の教育委員会にインターナショナルスクールに通うための就学義務について相談に行きました。ある教育委員会は「それはすばらしい選択ですね。応援しています」と言ってくれたそうです。しかしある教育委員会は「そんなことは許されません。中卒にもならないので高校にも行けませんよ」と脅されたそうです。そもそも教育委員会によって対応がまちまちなのがはなはだしい問題ですが、同時にその食い違いは、このようなケースがずっとグレーで進んできた証拠ともいえます。

そのインターナショナルスクールがその後どのような道を取ったかはここでは置いておいて、私としてはこの先ライフワークの一つとして「子どもたちの選択を支える、子どもたちが１００パーセントその選択に自信と誇りをもって挑める環境の創出。そのための就学義務に関する新しい解釈、一条校縛りからの解放。卒業証書（もしくは卒業証明）が必要な場合は教育委員会等が出す」ことを実現する取り組みをしたいと思っています。

私は中高の教員免許をもっていますが都内の大学で必要単位を取っているので教員免許状は東京都教育委員会が発行しています。大学からはもらっていません。そのように、教育行政の側が承認した学びの場（承認の基準、授業日数やカリキュラム等は必要になるでしょう）を選んだ子どもに対しては、小学校・中学校ではなく、教育委員会が教育委員会名で卒業証書を出してあげ、一条校への仮の在籍、幽霊在籍の仕組みはなくすのがよいと考えます。

ちなみに私の息子と娘は、イギリスで育ち、帰国後は国内インターナショナルスクールで学び、大学・大学院は海外でしたので、日本人ですが日本の学校の卒業証書は1枚ももっていません。そのことが日本人である彼らのこれまでの人生のなかで何か差し障りがあったことなど一度もありません。

自国化

「未来の教育設計図」の話に戻しましょう。

自分化、自校化の次に「自国化」があります。生命知について、人も、ほかのすべての生物も、地球も、生命知をもっていると書いてきました（学校も）。そして「国」にも生命知があると思うのです。国も学校と同じように無機物なのですが、生命知に関する私の拡大解釈と思ってください。

人間の、ほかのすべての生物の、そして地球の生命知とは成り立ちが違うものですが、生命知が、生命体が存在し続けるために身につけているもの、というものであるのなら、国も、その存続のために、長い時間のなかで、国としての生命知を生み出しているはずです。

教育はそもそもそれぞれの国のために存在しているものです。その国にとってのよき人々を育てるために教育は存在してきました。ＩＢのように、国を越えた性質をもつものも今ではいくつかありますが、もともと教育は「国」を単位としてきました。私自身はＩＢのような国際標準プログラムに関わることにより「教育というものはここまで深く国というものと結びついているものなのか」と逆に実感したことは書いておきましょう。

「未来の教育設計図」についても、自分化、自校化、の次に自国化を進めることにより、設計図を現実的有効性の高いものにしていくことができるはずです。

ただ「自国化」というものは、閉じたものになると、具合の悪いものになります。そこはつねに細心の注意が払われなければなりません。開かれた自国化は国を越えた意味や価値を生むはずです。広く世界の役に立つものになるはずです。

自を犠牲にする必要はありませんが、自のために他を犠牲にすることもあってはなりません。願わくば他の利になるような自の利を構想すること。

「未来の教育設計図」もそのように使用されることを望むのです。

18歳で将来の仕事を決めている

「未来の教育設計図」をたくさんの方々と、知恵と経験と夢、それら生命知を向き合わせて、一緒に描いていければと願っていますが、とりわけ、ああ、この人たちと一緒に作業ができたら本当に幸せだと思う人たちがいます。40年余りにわたる現場の教員としての仕事のなかで出会った教え子たちです。

しかし、ここでは、そのようなすでに私の元から旅立った教え子たちではなく、今、まさに私の授業を受けている教育学部の学生たちのことを書きたいと思います。

大学の学部は性質で二つに分けることができます。一つは卒業後に就く(だろう)仕事と相当につながりが深い学部。医学部、歯学部、薬学部、獣医学部、看護学部、そして教育学部などがそのような学部になるでしょう。その他の学部は、大学に入学した時点では卒業後にどのような道に進むか、前者よりははっきりしていません。もちろん弁護士になりたくて法学部に入る学生もいるでしょうが、法学部からは企業や官庁等に就職する人もたくさんいますので道は多様というふうになるでしょう。研究者を目指す人の場合は大学卒業後大学院に進もうと考えているでしょうから学部にかかわらず前者に入るでしょう。

さてここから私が日々指導している教育学部の学生について、すなわち卒業後先生という仕事に就きたいと考えている学生がどのような学生たちかを読者のみなさんにお伝えしたいと思います。私は武蔵野大学教育学部教授として国際教員養成コースの学生たちを、都留文科大学特任教授として国際教育学科の学生たちを指導してきました。

教育学部の学生は、高校卒業の18歳という段階で、将来先生になりたいと思っている若者たちです。しかもとても純粋な気持ちで。

２０２１年度の1年生は入学した4月に2回ほど対面での授業が実施できましたが、コロナ禍で、その後オンラインでの授業に変わり、そのまま前期終了まで学生たちは大学のキャンパスには入れませんでした。後期になりやっと教室での対面授業が可能になり、待ちに待ったキャンパスでの学生生活が本格的に始まりました。

「大変だったね」

「ええ、でも私たちは高校3年生の1年間もほとんど学校に行けなかったから、慣れていたと言ったらおかしいですけど」

学生の答えに衝撃を受けました。そうか、彼らは、高校の最後の1年間も学校に行けず、最後の、と名付けられる文化祭も、運動会も、公式大会も、何もできないで高校生活を終えていたんだ。期待に胸膨らませて入学した大学でも、すぐにオンライン授業で、ほとんどキャンパスに通えず数か月を耐えていたのです。

「でも、後期になって、やっと大学に来られるようになって、何よりうれしかったことは、先生になりたいっていう同じ希望をもっている仲間とあれこれ話ができるようになったことです。教育学部に入れて、本当によかったと思っています！」

教育学部の学生は真面目です。オンラインでの講義も、体調不良以外で欠席する者はなく、また課題もきちんと提出期限内に提出します。そのようにオンライン授業にも誠実に取り組んでいた彼らですが、一時期、対面かオンラインかどちらで実施するかを学生の意見を聞いて決定できる移行的な期間があり（通学時の恐怖などへの配慮から）、そのとき、学生に「来週の授業は対面かオンライン、どちらを希望しますか」と尋ねたところ、なんと全員が「対面」を希望したのです。Zoomの画面一面が彼らの対面希望のための挙手の掌のサインで埋まりました。「そんなにも彼らは対面を渇望していたのか」、改めて深く彼らの気持ちが伝わってきた瞬間でした。

ピア評価

ピア評価というものがあります。Peer、すなわち「仲間」がお互いに評価しあうことです。

教育学部という先生になるという将来の目標を共有している仲間の集まりではこのピア評価は大変深い学びを生み出します。

ある学生が「なぜＩＢを学んでいるのだろうか」というテーマで発表を行い、それに対してのクラスの仲間によるピア評価の例を紹介しましょう。この授業では全員が自らテーマを設定し、この学生は「なぜＩＢを学んでいるのだろうか」に取り組みました。

発表自体は教室で行われたのですが、クラス全員がパソコンを机上に置きZoomでつながっていて、発表の終了後にZoomのチャット機能を使いそこにピア評価を書くのです。発表者はチャット欄ですぐに仲間からの評価を読むことができますが、授業終了後に私がチャットに保存されたすべてのピア評価をまとめクラス全員に送ります。全員がほかの学生のピア評価を読めることでさらにこの発表からの学びを深めることができます。発表者は、自分の発表に対するすべてのピア評価をじっくりと読み、そこから考えたことを私に提出し、そこまででこのピア評価のプロセスが終わります。

実際のピア評価は次のようなものです。その日の発表内容自体がわからないと少し理解しにくいところもあるかもしれませんが、先生を目指す学生の真剣な学びの態度を感じていただければと思います。なおこのピア評価はとくに評価項目を定めず自由記述の形を取っています。

人の話を聞いて思考をしすぎて脳内がすり切れそうになったのは初めてでした。私としては、ＩＢを学んでいる意味というのは、基本的には、ＩＢに関することでしか学べないエッセンスを学び取り、自らが今後行っていく実践に生かしていくためということになるわけです。しかし、自らの意味のみにおいて学んでいくということは、時に、視野の狭さくを招き、自らの意味にそぐわない重要事項を切り落とすことにつながります。自らの意味に、みなが出してくれた目的が、そして今回提示された超大作マインドマップが加わっていくことにより、視野を大きく広げ、私が切り捨てようとしていたかもしれない重要な事項への気づきを生み出し、そして、このカリキュラム内で単純に学ぶだけでは得られない新たな重要事項さえも形作っ

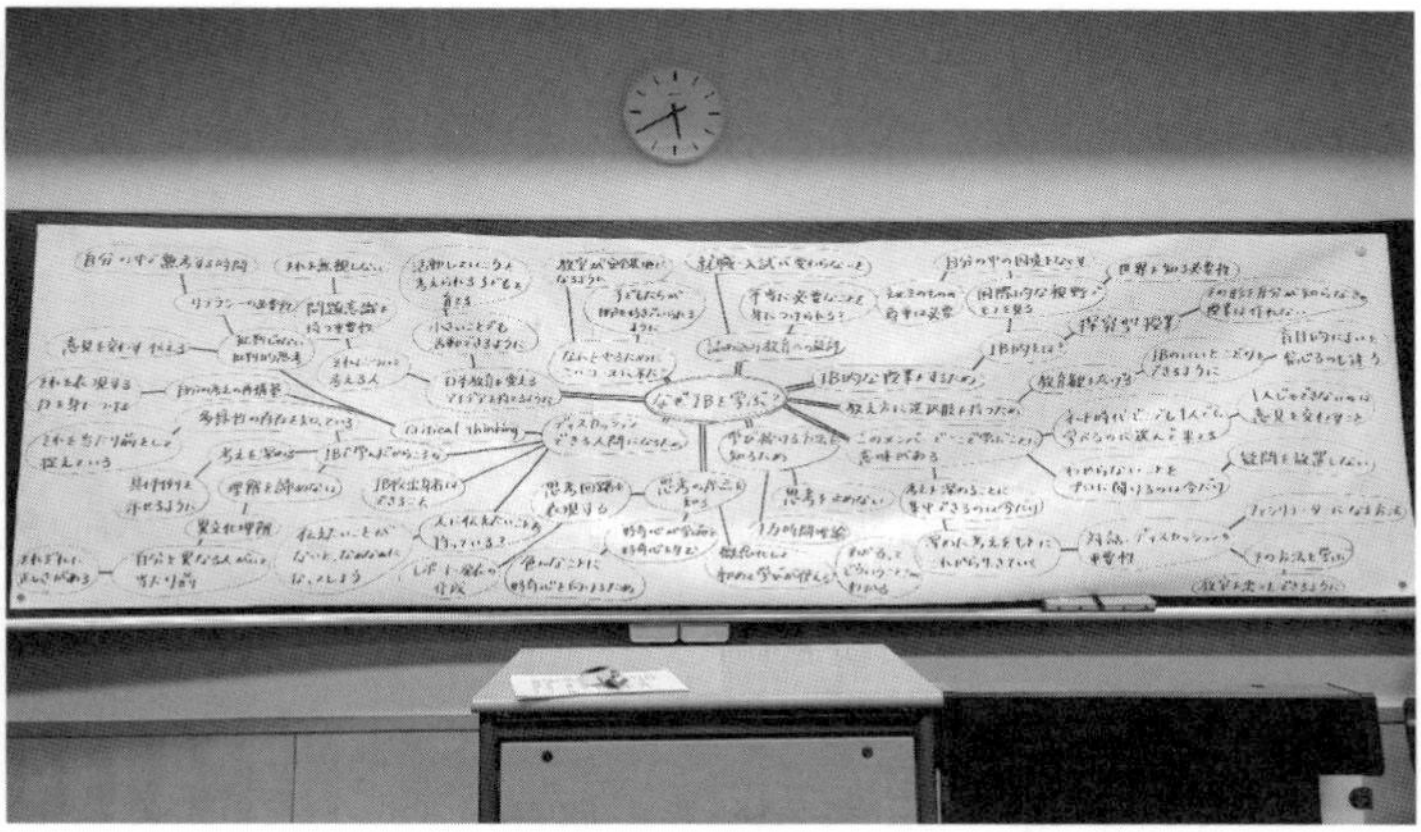

写真2-3　当日使われたマインドマップ

ていきます。このような思考体験と気づきを得られるような発表をしてくださったことには本当に感謝してもしきれません。そしてこのマインドマップは、今日この発表を聞き、ＩＢを学ぶ意味を思考した証として撮影して残し、何度も見返して思考を深めていきたいです。お疲れ様でした！！！

発表した学生はこのようなクラスの学生が書いたピア評価をすべて読んだ後、１０００字ほどの振り返りを提出するのですが、今回発表した学生の振り返りには「たくさん考えたかいがあった」という表現がありました。

ＩＢ校訪問

学生たちは、３年生では実際にＩＢ校を訪れます。その振り返りの文章からも先生を目指す若者たちの真摯な姿勢が伝わってきます。その一つを紹介します。

教員になった際には、国際バカロレアから学んだことを満遍なく、自分なりにどんどん使っていきたい。授業はもちろん、掲示物やらを真似していきたい。公教育のなかで、どこまでＩＢ要素を取り入れて高水準の教育を提供できるのか、配属された学校やそこにいる先生の影響も受けるだろうが、自分にできることを実践していきたいなと思いました。また、教員になるまでにもっとＩＢ校を見ていきたい、ＩＢに対して理解を深めたいなと思いました。

翌年には教員採用試験を受ける学生なので、かなりリアルに「どのように自分の仕事

に生かせるか」を考えています。学生が発見するもの、感じるもの、そして得るものは本当にさまざまです。それを私は、学生がそれぞれの生命知のなかで先生という仕事と向き合いはじめているからだと思うのです。

学生はそれぞれの理由で先生を目指し、教育学部に入り、先生になるための準備を積み重ねています。お世話になった先生が大好きで自分もそんな先生になりたいと思っている者、自分を支えてくれた先生と同じように子どもを支える先生を目指している者、そして学校や先生になじめなかったから自分は先生になり子どもにとって楽しい学校にしたいと思っている者。動機はさまざまですが、共通していることは、子どもが好きだということと、よい先生になりたいということ、そしてよい先生になるためにちゃんと勉強しなくてはと思っているということです。

教育は子どもたちと先生のそれぞれの生命知が結ばれて成立するものです。教育学部の学生たちのなかでは先生としての生命知の物語が始まっているように思うのです。

学ぶ学生、託す未来

「大迫先生が言っているのと正反対の内容の授業もあります」

そうだと思います。それでいいのだと思います。

私が何か言おうとする前に学生の方から、「でも、両方から学べるからいいなって思っています」という模範解答が出てくるので安心するのです。

教育学部の学生でももちろん、先生以外のほかの道に進むこともあります。ＩＢをかなり深く探究し、卒業後に選んだ道がお笑い芸人だった学生もいました（彼の芸人としての成功を心から楽しみにしています！）。また在学中、あれこれ迷いながら、実際にほかの職種の面接を受けたりもして、しかし最後に「やっぱり教育に戻った」といった学生もいます。いずれの道も、価値のある選択で、彼らのそれぞれの道での成功を心から祈るのですが、先生という道を選んだ者たちには次のメッセージを送りたいと思います。

「恐れることなく、子どもたちにとってよいと信ずることは、自由に、思い切って試してください。おかしいと思うことに黙って従うことはありません。しっかりと理由を述べて、子どもたちを守ってください。理解し協力してくださる先輩もいるはず。知恵と経験を学ばせていただきながら、チームの一員として、誇りをもって歩んでください」

そして本書のテーマを加えます。

「子どもたちの生命知としっかり向き合ってください。そしてあなた自身の生命知も大切にして教師としての道を歩んでください」

ＩＢを学んだ学生は、現在の教育現場では、少し異端児で扱いにくいかもしれません。

しかしそのような若手教員が生き生きと自らの生命知を発揮しながら、子どもたちと向きあえる学校は、学校として大きく力をつけていくはずです。

ＩＢを学んだ学生が働く学校がチームのなかでのよい働きを彼らに与えてくださいますように。

明るい学校

昔ＮＨＫで「明るい農村」という番組を早朝6時半くらいから放送していました。子どもの頃、なぜか時々見た記憶があります。日本の農村、農家が、いかに苦労しながら、どれだけ頑張っているか、ということを伝えていました。登場する農家の人たちが、みなそれぞれの方言で気持ちを語っていたので、時々意味がわからないこともありましたが、何かとても人間的なものが伝わってきたことを覚えています。

そして、指導をしている教育学部の学生たちのことを考え、彼らがつくってくれるだろうこれからの教育のことを思うと、とても明るい未来を感じ、「明るい学校」という言葉が私のなかに浮かぶのです。

このような進路希望をしている学生もいます。

地元である山形県で、公立学校の小学校教諭として働きたいと思っています。ＩＢについて、地元の山形県ではまだよく知られていないと考えられます。そこで、私がＩＢを学んだ者として、この教育プログラムを山形県にも広めていきたいと思っているからです。

このような学生たちに、日本の「明るい教育」を託します。そして本書の「未来の教育設計図」が少しでもみなさんの先生としての仕事に役立つことを願います。できたら一緒に「未来の教育設計図」を考えていけたらいいですね。

むすび――結詞として

最後に私が本書の執筆にあたってノートとして書き溜めたものを置かせていただきます。本書のテーマとは直接的には関係しないような内容のノートで、それゆえにここまでのページには含むことが、私の力量の問題もあり、叶わなかったものです。

しかし、このような、一見無関係と思われる事柄を、「未来の教育設計図」を描いていく過程において、時に共に語り合うのは、実はある気づきに導かれる可能性があると考えています。教育を、教育以外のものとのつながりのなかで描くこと。

いつかこのノートを本の形に昇華できたらという思いもありますが、本書では生の形でお示しをして、第2章を閉じたいと思います。

〈Note1〉

ＩＣＴのＣはコミュニケーションのＣ。人と人とが地球規模で結びつく。遠い国の人と人とが出会う。人と人とが国を越えて連帯できる。生命知が交感する。それなのに戦争はなくならない。人類の知恵っていったい何なのだろう。戦争はどうやったらなくせるか。そのようなことを主体的に考えることができる子どもたちを育む教育を創っていきたい。理想主義者と言われても理想を引き下げたくはない。ジョン・レノンのように。

〈Note2〉

信号と折り畳み傘と銃。

あなたは車一台走っていない、人っ子一人いない深夜、信号が赤だったら信号が青に変わるまで待ちますか。

あなたは気象予報士が「今日は折り畳み傘をもってお出かけください」と言ったら折り畳み傘をもっ

て出かけますか。
あなたは戦争のために銃をもてと言われたら道を泣きながら歩くウクライナの子どもを生むような戦いに向かいますか。
大切なのは自分で判断ができること。

〈Note3〉

多くの事柄がすでにある。それが言語化され人々に認識されるかどうかが問題なのだ。本書の「生命知」もそうだ。それは新しいものではない。しかし新しいものではないことを言語にすることが実は普遍性に近づく営みなのかもしれない。
いちばん遡るならソクラテスの「無知の知」だろう。
新しくないことの再言語化。巡り巡ってたどり着くのは新大陸ではなく故郷なのかもしれない。

〈Note4〉

生命知が機能していない社会に人工知能が入ってきたらまずい。

〈Note5〉

2030年までの国際目標であるSDGsの17のうち、人類の存亡そのものに関わるのはどれか。2030年までの時限設定のなかでは無理のある諸課題だ。だがもう時間はない。生活のなかにSDGsが自然に溶け込んでいるような新生活が必須だ。もちろん教育のなかにも当たり前のようにそれがあるようにすること。

深いＳＤＧｓは生命知のなかでしか進まない。ググるという言葉がある。ＳＤＧｓる（エスディージーズる）という言葉でも流行らせようか。ＳＤＧｓっぽいとかＳＤＧｓ的とかもありか。

〈Note6〉

「世間とは、いったい、何の事でしょう。人間の複数でしょうか。どこに、その世間というものの実体があるのでしょう。……

（それは世間が、ゆるさない）／（世間じゃない。あなたが、ゆるさないのでしょう？）」

（太宰治『人間失格』）

教育は世間体のためにあるのではない。子どもが自分の幸せの形を見つけるためにある。そして幸せの形はさまざまだ。

〈Note7〉

無駄な時間を子どもたちに。ある詩人が言った。「詩人なんて人から見たら怠けているように見えるかもしれない」

学校という場が均質化され、一人ひとりの子どもが一つの生命体として生きるための空間になっていない。子どもたちは学校のみならず家のなかでも、都市のなかでも、地球上のどこでも、そしておそらく宇宙のなかでも緊張しくつろぐことができない。生命体としての柔らかさ、しなやかさを失った子どもたち。

まずは学校を子どもたちが生命体としてくつろぐことができる空間にしなくてはならない。

〈Note8〉

ひたすら一流大学を目指す根拠となっていた社会構造は崩れた。入試は変わらず、準備のための教育熱は変わらず。しかし大学から先の構造は崩れた。

一流大学を目指すことが否定されるわけではない。だが子どもたちはもっと深いものをつかんで大人にならなければならない。

〈Note9〉

日本の社会は学校の先生という仕事の専門性に対するリスペクトが決定的に欠けている。

誰もが一家言をもっている教育という領域の特殊性もあるだろう。そうであっても学校の先生という仕事の専門性はもっとリスペクトされるべきだ。先生方も、自身の仕事の専門性に誇りをもち、かつその専門性によりいっそう磨きをかけていくことができればよい。

〈Note10〉

大きな国家目標というものが人々のなかで共有されていた時代も終わりを告げた。共同幻想から個人幻想へ。

個人がそれぞれの幸福観で生き方を決めていく。教育も一人ひとりの子が、その子にとっていちばん幸福なドラマを綴れるように手伝ってあげることが役目になる。

人生は100年たらずのドラマだ。チャップリンは言う。「人生は近くで見ると悲劇だが、遠くから見れば喜劇だ」

〈Note11〉

日教組の私学支部のようなところに1980年代に一時期加入していたことがある。今は日教組に興味も関心もない。しかし彼らが戦後掲げた「教え子を再び戦場に送るな」だけは絶対に心にとどめておく。

〈Note12〉

探究型概念学習が今や世界の潮流だ。なぜか。そこには学ぶ喜びがあるからだ。そこでは生命知が輝いている。

〈Note13〉

未来とは何か。それは世界把握の仕方によっては過去や現在に含み込まれる。だからこそ、本書の書名に未来という言葉を置いたのだ。

Noteは以上です。

詩を一つお届けし、第2章を終わりたいと思います。

『行く先』　大迫弘和

場所と距離と時間が溶け合っていく
とてもおおきななにかに
わたしは呼ばれる

わたしを導くものがある

場所も距離も時間も
もうどこにもない

わたしのいのちは透明になる。

（詩集『Self』より）

第3章

AI時代にこそ必要な「未来の教育設計図」

大迫弘和×松田雄馬

あなたは「未来の教育設計図」を
どのように描くだろうか

はじめに――生命知を羅針盤にした教育に向かって

松田雄馬

本書では、ＡＩ時代にこそ必要な生命（いのち）に学ぶ教育について、私（松田）と大迫さんのそれぞれの観点から展開してきました。

第1章では、ＡＩ研究者である私が、生命知を中心としたＡＩやデジタル・テクノロジーの捉え方と、未来の教育のあり方を展開しました。第2章では、教育者である大迫さんが、現場の先生方のために、生命知をよりどころにした独自の取り組みを行う方法を解きほぐしました。そして、この第3章では、本書の締めくくりとして、私が学校そのものを変革するための、あるいは私塾などの自由な方法で教育への独自の取り組みを行おうとチャレンジする多くの教育者へのヒントとして、教育を変革するプロセスを解説していきます。

1 生命知を理念で終わらせないために

第1章、第2章を通して、未来に向けた羅針盤としての生命知と、それを前提にした「未来の教育設計図」の描き方についての指針を示してきました。今、時代はAIへの期待と不安の両方が入り混じり、AIなどのデジタル・テクノロジーによって拓かれる可能性と同時に、近い将来、就くべき仕事がなくなってしまうのではないかという漠然とした不安がうごめいています。しかし、これまでのメッセージを受け取っていただいた読者のみなさんであれば、きっと、生命知を羅針盤とした子どもたちの未来は明るいものと感じていただけたのではないかと信じています。

ただ、そうはいっても、教育の現場には問題が山積みです。先行きの見えないAI時代のなか、文部科学省は、GIGAスクール構想をはじめとするさまざまな施策を打ち出してはいるものの、一人一台のパソコンを配る以外のアイデアがあるわけではなく、学校では、配られたパソコンをどのように授業に組み込めばいいのか、その対処に困り果てているという声であふれています。現場の先生方は、コロコロと変わる文部科学省や教育委員会の方針に振り回されながら、目の前の問題に向き合うことに四苦八苦しているようです。もちろん、文部科学省や教育委員会も例外ではなく、「本当はこうしたいのに」といった想いがあるにもかかわらず、組織の方針に従わざるをえないなどのもどかしさを抱えながら仕事をしている先生方も少なくないのではないでしょうか。

私は、こうした背景があるからこそ、「未来の教育設計図」を描くことは、何よりも大事なことになると思っています。「未来の教育設計図」を描くことは、子どもたちの、そして、それを描く自分自身の未来そのものを描くことです。子どもたちが活躍する未来は、子どもたちだけの未来ではありません。大人になった彼らが支える未来には、当然ながら、私たち一人ひとりが生きています。その未来は、子どもたちにとっても、そして、私たち一人ひとりにとっても、魅力あふれるものでなければ、希望がもてるはずがありません。すなわち、「未来の教育設計図」を描くことは、子どもたちにとっても魅力的な、「自分が生きたい未来」そのものを描くことといえるのです。

「自分が生きたい未来」は、私たち一人ひとりに生命知が宿り、生命（いのち）としての自分を生きているからこそ描けるものであり、本来は、私たち一人ひとりが、アタリマエのように行っていることなのです。むしろ、アタリマエすぎて気づくことすらできず、だからこそ、目の前の問題に右往左往しているうちに見失ってしまうものなのかもしれません。そこで大事なことは、「未来の教育設計図」は、自分一人だけで描いて完成するというものではないということです。自分には自分の教育設計図があり、隣の人にもそれがあります。その設計図は、お互いに影響を与え合いながら、日々、描き変わっていくものです。「未来の教育設計図」は、「自分が生きたい未来」そのものであり、誰か偉い人が勝手に描くものではありません。そして、「自分が生きたい未来」は、たとえ自分一人で決めたものだとしても、決して独りよがりのものでもありません。

私たちの生きている世界は、自分一人では生きていけるものではありません。自己不完結な私たちだからこそ、それぞれが描いた設計図を補い合いながら、長い人生を生きていくなかで、より魅力的な設計図をつくり上げていくことができるのです。そして、何より重要なことは、それは、誰にでも描くことができるということです。いま、私たちには、生命知という羅針盤があります。それを教育に落とし込み、実践してきた、大迫さんのような先人たちも大勢います。そうした先人たちの影響を受けながら、教育に関わる一人ひとりが描くことができるものが、「未来の教育設計図」だと、私は考えています。

2 誰が「未来の教育設計図」を描くのか

「未来の教育設計図」を描く前に、強調しておきたいことがあります。それは、子どもたちの教育を担うのは、学校関係者だけではないということです。まず、今、子どもたちと日常的に接している子育て中の保護者のみなさんです。身近に子どもたちがいて、日々接しているような人であれば、そうした子どもたちの未来を、ありありと感じることができ、何らかの貢献ができるはずです。そうした直接子どもたちと接している人たちであれば、「未来の教育設計図」を描く人としてのイメージはつきやすいはずです。しかしながら、ここで強調したいのは、子どもたちの教育を担う人たちが、ほかにもいるということです。

子どもたちの教育を担ううえで最も大事な役割をもつのは、未来に希望を感じたいすべての人たちです。子どもたちに目を向けると、自ずと視野が広がります。子どもたちの未来、というだけで、20年先や30年先の社会に目を向けざるをえません。そうした大きな数字を自分の未来として考えると、まるで想像がつかないかもしれません。ですが、子どもたちにとっての20年後や30年後、あるいはもっと先は、今、この本を読んでいる読者のみなさんが生きている「今」の年齢なのです。そう考えたときに、20年後、30年後に大人になっているはずの今の子どもたちに対して、伝えたいことはないでしょうか。伝えるべきことはないでしょうか。

現代人にとって、20年、30年生きることは、何ら難しいことではないかもしれません。しかしながら、実は、ほんの少し前の江戸時代ですらも、人間の寿命は30年から40年だったといわれています。生きるという、アタリマエのように行っていることは、第1章でお伝えしたように、ＡＩの観点からすると、とてつもなく難しく、また尊いことでもあります。そうした途方もない人生を生きてきた私たちが、その間に何を感じたかを、子どもたちと共有することそれ自体が立派な教育です。

ただ、何より気をつけないといけないことは、「価値観の押し付け」をしてはいけないということです。子どもたちの20年後、30年後を実際に知る大人が、純粋に夢を追いかけている子どもたちを見ると、ついつい余計なアドバイスをしてしまいます。たとえば、「もっと社会に出てから役に立つ勉強をしたほうがいいよ！」「夢なんて見ずにちゃんと大学に行ってちゃんと企業に就職してちゃんと大人になりなさい」「大人になって仕事にあぶれないためには、今のうちからスキルを身につけておいたほうがいいよ」など、自分の価値観を押し付けてしまう表現は、枚挙にいとまがありません。時代は常に変化しています。自分の若い頃の価値観と、今の子どもたちのそれが同じではないということは、肝に銘じておく必要があります。

そのうえで、子どもたちと接するときは、同じ時間を共有するだけで、子どもたちの未来が動き出すということを知っておいてください。場合によっては、自分の夢を子どもたちに語ってもいいでしょう。そうすれば、子どもたちは、あなたがなぜそのような夢をもつのか、どうやって叶えようとしているのか、あなたへの興味が湧いてきます。あなた自身の悩みを共有して、一緒に考えるのもいいでしょう。子どもたちにとって、自分の20年後、30年後の大人は、未知の存在です。その心の内を共有するだけで、自分にとって、20年後、30年後という途方もない未来が、一気に身近に感じてくると同時に、複数の大人と接することで、「自分だけの人生を、自分で描いていいんだ」と思えるものです。

未来に希望を感じたいすべての人に、そうした子どもたちの未来に貢献するにはどのような方法があるのか、いざ接した後には何をしようかなど、想像を膨らませながら、「未来の教育設計図」を描いてみてほしいと思います。

3 どのように「未来の教育設計図」を描くのか

第1章でお伝えした通り、私たち人間は、60兆の細胞からできています。60兆の細胞がばらばらに動き出したら、とても「自分」というものを維持できません。これは、「歩く」という行為ひとつとってもいえることです。数多くある筋肉の一つ一つが、その場その場で適切な役割を果たすからこそ、「自分」という一つの身体（カラダ）は、問題なく前に進むことができるのです。このように、前に進もうとするとき、人間の身体（カラダ）の中では、常に「設計図」が作られ、描き変えられています。その設計図を描くプロセスこそが、生命知を発揮するプロセスそのものといえます。専門用語では「逆問題」といわれるこのプロセスは、教育用語でいう「逆向き設計」に近いものです。逆向き設計とは、最初にゴールを設定して、そのゴールを達成するように教育カリキュラムを設計していくという方法です。実は、人間の身体（カラダ）も、それと同じ原理で動いています。

今、歩こうとしている私たちの身体（カラダ）にとって、「前に進む」ことは一つの「目的」です。その「目的」を達成するには、どこか少数の筋肉が頑張るのか、それぞれの筋肉が少しずつ負荷を分担しあうのかなど、無限の解（解き方）があります。ただ、すべての筋肉がバラバラに機能しているだけでは、「目的」を達成することはできません。だからこそ、目的を共有しながら、その目的を達成するうえで必要な役割を、お互いにコミュニケーションを取り合いながら決めていきます。それこそが、「歩く」という行為を身体（カラダ）が行う際に、生き物としての私たちが行っていることです。最初に「目的」というゴールがあり、ゴールから逆算して、今あるべき役割を決めていく、というプロセスそのものが、逆問題という問題の解き方なのです。

生命（いのち）は、常にこうした逆問題のプロセスを経ているからこそ、たとえ60兆の細胞であれ、それが調和して、生き続けることができます。そして、その結果として、川の流れの中にできる渦のように、物質的には変化していっても、「自分」という行為を行う主体そのものが、持続的にあり続けることができるのです。

ここからは、逆問題の発想にもとづく、「未来の教育設計図」の描き方を示したいと思います（実は、この逆問題のとらえ方には、一つの弱点があります。ですが、それについてはいったん目をつぶったうえで、後ほど補足したいと思います）。

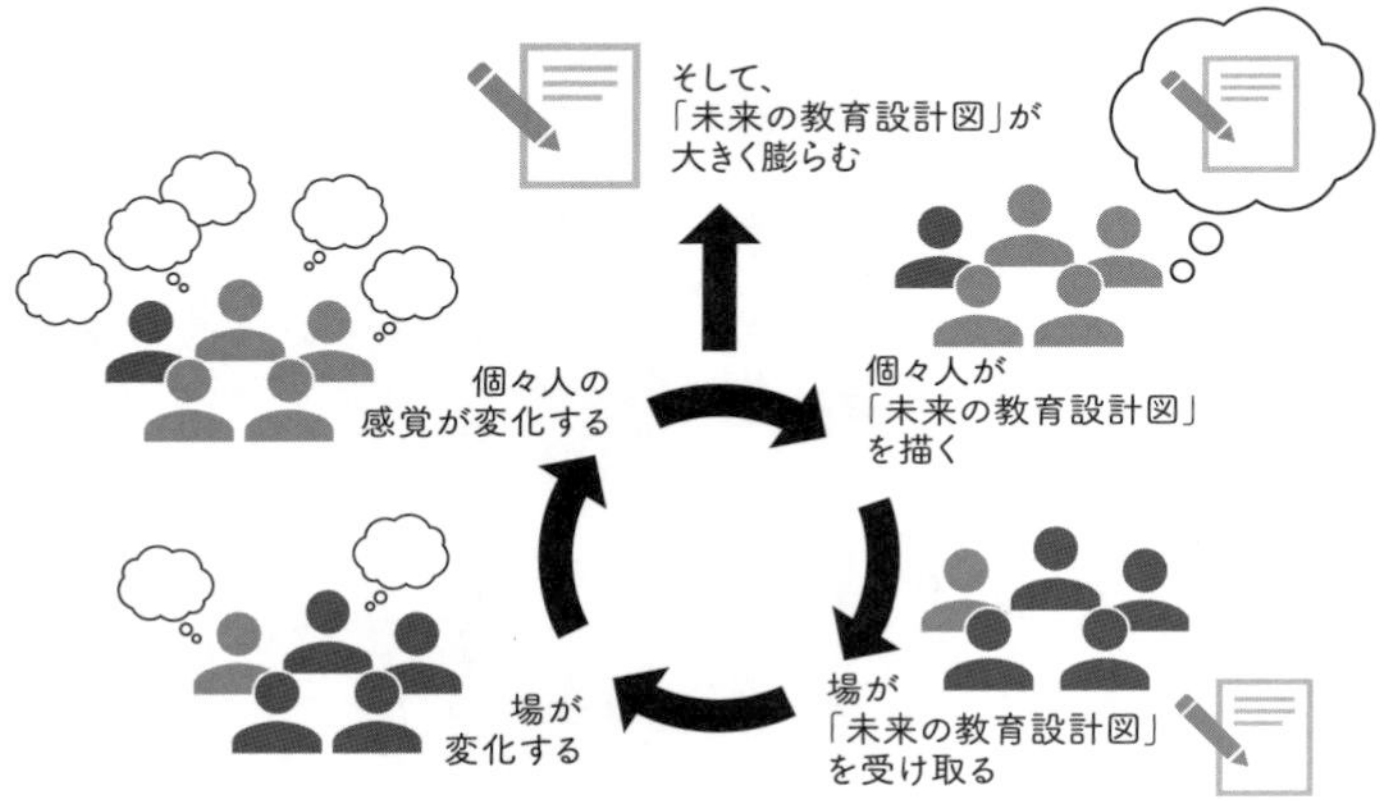
そして、
「未来の教育設計図」が
大きく膨らむ
個々人の
感覚が変化する
個々人が
「未来の教育設計図」
を描く
場が
変化する
場が
「未来の教育設計図」
を受け取る

図3-1　「未来の教育設計図」が醸成されるプロセス

図3−1は、一人の未来である「未来の教育設計図」に対するおぼろげな想いが共有され、やがてそれが確たる「未来の教育設計図」へと醸成されていくプロセスを表しています。このプロセスについて、順を追って、説明していこうと思います。

私たちは、一人ひとり、人間である以上、自分自身の人生を生きています。そのなかで、未来に対する何らかの「想い」があるはずです。個々人の想いは、数人からなる「場」で共有されると、これまで受け取られていなかった場が、自ずと変化します。「場」という言い方が曖昧であれば、「人間関係」といったほうがよいかもしれません。何ら想いを共有していない人間関係であれば、その関係は非常に曖昧です。ですが、一度、想いが共有されると、その想いに対し、何らかの貢献をするのか、はたまた自分とは異なるものと判断するのか、いずれにしても、自分自身の「役割」を明確にする必要があります。万が一、その想いが独りよがりなものであれば、ネガティブな対応をすることもあり得るでしょう。そのようなさまざまなやりとりを経て、「場」は変化し、想いを発した側の個人の感覚は変化します。こうしたプロセスこそが、「未来の教育設計図」を描くうえではとても重要です。

このプロセスは、とくに第2章で大迫さんがご説明されていた「考える君」のコミュニケーションでもあり、私のような科学者が未知のものを発見したり、新しいものを発明したりする研究活動そのものでもあります。「考える君」、すなわち、今の時代を生きる子どもたちもそうなのですが、科学者は、常に、わからない問題に向き合っています。

科学者は、新しいものを発見したり、発明することを通して、まだ見ぬ未来を創り出します。そこで重要なことですが、自分自身の独りよがりな答えは、ほかの人にとっての答えではない可能性のほうが高いということです。このため科学者は、常に自分自身を疑う必要に迫られます。自分自身を疑うといっても、ただ「他人の話を聞く」だけの「覚える君」では何一つ生み出すことができません。そこで大事なことは、最初に自分自身の「想い」をもつということです。自分自身の「想い」をもったうえで他者と接すれば他者の考え自体を評価でき、取り入れるべきかどうかを取捨選択できます。そして、他者の考えを取り入れた時点で、自分の「想い」は独りよがりのものではない、未来に実現できる可能性をもつ教育設計図に育っていくのです。

第2章で、大迫さんは、学校教育のなかでの「芸術」の重要性を強調されていました。今、芸術が必要なのは、何もインターネットが普及し、誰もがSNSなどを通して作品を発表できるからという話ではありません。たしかに、何をはじめるにしても、まずはウェブサイトを作り、サービスをウェブアプリケーションにして……などという技術が必要な時代ではあります。しかしながら、そうした技術は、本書で強調してきたように、「部品」にすぎないのです。それればかりか、「部品」は、学ぼうと思えばいつでも学べます。技術に対するハードルは、かつてないほど下がっており、自分自身が学ばなくても、すでに技術力をもった人とチームを組めば、新しい取り組みはいくらでも始められます。大事なことは、そうした新しいことを始めるのは、たった一人の「想い」を除いてほかにあり得ないということなのです。

大迫さんは、第2章で、「感じる芸術」の重要性を強調しておられます。「覚える君」にとっての芸術は、ただただ、同じものをコピーすることしかできません。しかしながら、「感じる芸術」の力を手にした「考える君」であれば、芸術を生み出した人の「心」

に触れることができ、その人が生み出したかったものは何なのか、何のためにそれを生み出そうとしたのかという、その人の「人生」に触れることができます。まさに、芸術作品を通して、先人の「教育設計図」を垣間見ることができるのです。それによって影響を受けた「考える君」は、自分自身の「教育設計図」をさらに良いものに描きかえていくこともできます。それこそが、図３-１で示した、「未来の教育設計図」が醸成されるプロセスなのです。

さて、ここまでを通して、「未来の教育設計図」を描くプロセスを説明してきました。しかしながら、このプロセスは、前述した通り、一点の弱点をもっています。それは、すでに何らかの「想い」がある「考える君」がその場にいなければ、実行することが難しいということです。大迫さんの表現される「考える君」は、生命（いのち）をもつ生き物が生命知を発揮して生きることそのものであり、私たち一人ひとりがアタリマエのように行っていることでもあります。そういう意味では、私たち一人ひとりは、本来「考える君」だといえます。しかしながら、学校教育のなかで「部品」である教科書のなかの知識を、ただただ覚えてきただけの「覚える君」は、私たちが本来もっていたアタリマエの生命知であり、考える力であり、生きる力の大事さを自覚できず、アタリマエにもっていたものを忘れてしまっています。学校教育を通し、アタリマエを忘れてしまった「覚える君」にとっては、自分自身の「想い」に気づくことは容易ではありません。何かと「部品」に注目が集まり、「覚える」ことを余儀なくされるこの日本社会において、私たちは、知らず知らずのうちに「覚える君」を自分のなかにもってしまっているものです。そこで、これまで「未来の教育設計図」の前提としてきた、自分自身にある「想い」に気づくためにできることを考えていきます。

4 心と体で自ずと描ける「未来の教育設計図」

さて、ここまでは、たった一人の「想い」から「未来の教育設計図」を描くプロセスをお伝えしてきました。「想い」を出発点にし、逆問題を解く生き物としてのアタリマエを行っていくことができたならば、個々人のなかの「未来の教育設計図」ができあがり、それが、学校や地域といった大きな組織の「未来の教育設計図」に発展していくはずです。しかしながら、「未来の教育設計図」を実現するための「部品」としての知識を「覚える」ことに慣れきってしまっていると、この発想は容易ではありません。そこで、本節では、「想い」が浮かんでこない人も含め、私たち人間が、生き物としてアタリマエに行っていることを「想い」として自覚するプロセスをお伝えします。

第1章の最後に、「自然（じねん）の道」というものをお伝えしました。私たちの身体（カラダ）は、たとえ細胞一つ一つは不揃いで、頼りないものだったとしても、それらが協力しあうことで、「一人の身体（カラダ）」という生命（いのち）としての役割を果たします。このとき、身体（カラダ）全体に循環が起こり、心身ともに健康な状態が維持され続けます。循環が起こった身体（カラダ）は、たとえ病気になっても、片方に引っ張られたやじろべえのように、自分でバランスを取り戻し、「よい状態」に戻ります。これが、免疫といわれる身体システムの原理であり、自ずとよい状態が持続することを、「自然（じねん）」と表現します。「自然（じねん）」は、私たちが生命（いのち）を宿し、生き物として生き続けている以上、アタリマエのように自ずと実現されています。このアタリマエを自覚するには、自分自身の身体（カラダ）、そして、家族や学校、会社といった組織、そして、地域や国、といったものが、アタリマエのように「今日も一日、無事に過ごすことができた」ということに注意を向けることがはじまりになります。

運のよいことに、日本語には、食事の前には「いただきます」、感謝することがあったときには「有難う（有ることが難しい＝めったにない）」などと表現する習慣があります。食事というのは、生命（いのち）をいただくことであり、感謝することは、それがアタリマエではない（めったにない）からこそ、有難いと思うものです。こうしたこと一つ一つに目を向けることから、「想い」というものの自覚がはじまります。

そこで、現在の学校教育の科目を改めて見ていただきたいのです。大迫さんが第2章でおっしゃっているように、今の学校教育は、いわゆる「主要教科」と呼ばれるものに比べ、芸術などのいわゆる「副教科」がとても軽視される傾向にあります。だからこそ、副教科の社会とのつながりも、重要視されていません。なんとなく「アート」という言葉が流行るとそれに飛びつき、日本文化への関心が少ないということが話題になると、道徳教育に日本礼賛の言葉が並んだりと、とかく副教科というものは、場当たり的でちぐはぐな扱いを受けてしまうものです。ですが、実はあまり語られないことなのですが、昨今、社会に出て大事なスキルだといわれているものは、この副教科にこそ満載なのです。

副教科に含まれる大事な要素を「心・技・体」という3文字に沿って考えてみたいと思います。「心・技・体」とは、日本の伝統的な武道や芸術で大事にされてきた3要素です。学校教育のなかには、「心・技・体」の3要素が散りばめられており、とくに、

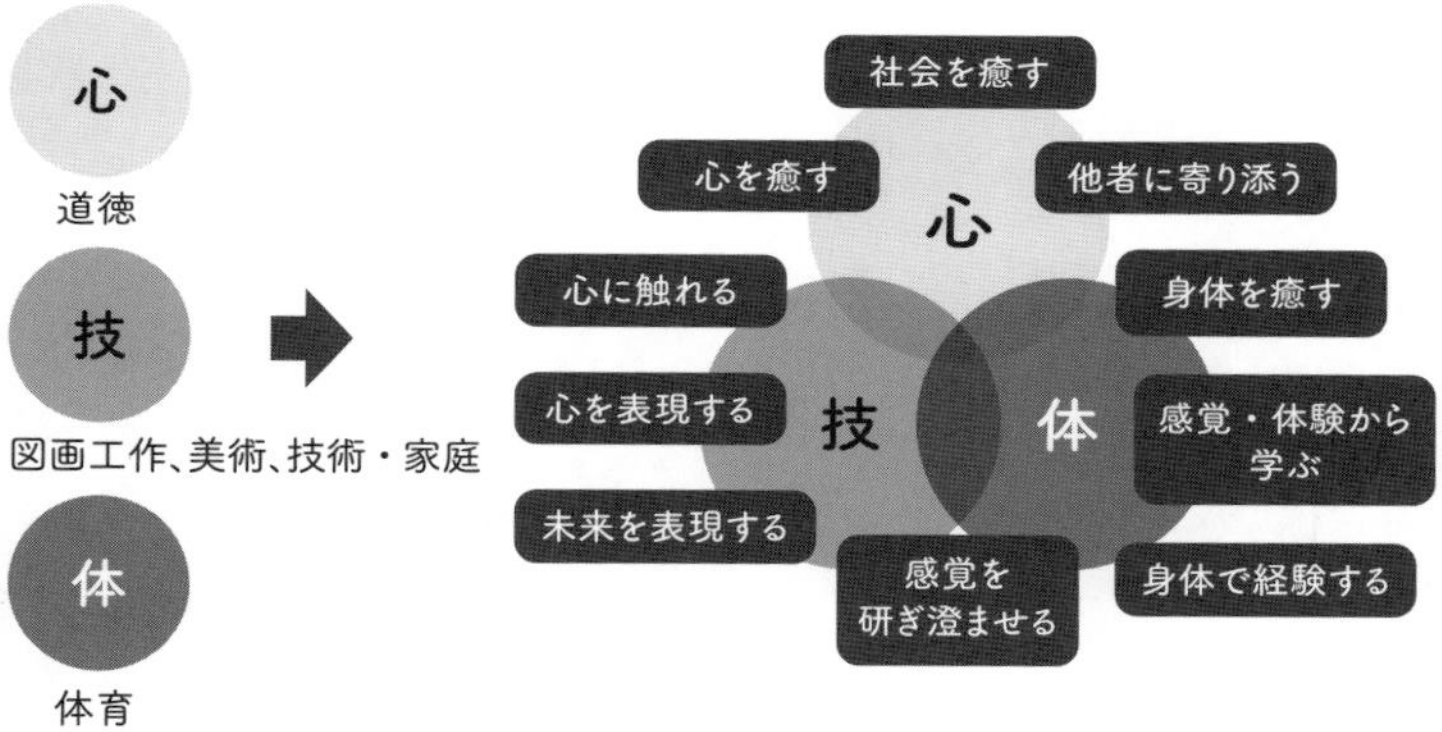

図3-2　「心・技・体」と社会とのつながりの例

副教科にはよく表れています。「心」は道徳教育で、「技」は図画工作、美術、技術・家庭などで、「体」は体育で、おもに扱われています。これらは、教育の分野でいう「徳育」「知育」「体育」という言葉とも密接に関連します。現在、副教科という扱いを受け、十分な時間が確保されていないこれらの科目は、社会に出て活躍する「人間性」を育むことができるばかりか、ビジネスマンに必須のスキルとしても注目されている多くの要素を含んでいます。ほとんど語られることのないこれら副教科の社会との密接なつながりを、図3-2に沿って、ご紹介したいと思います。

まず、「心」を育むことができる人は、自分や他者の心を癒すことができ、ひいては社会を癒すことができるだけでなく、たとえば会社に就職したときにも、上司や部下に寄り添って、問題を共有し、一緒になって解決していくことができるようになります。もちろん、お客さんに寄り添うことで、お客さんが言葉にすらしなかったことを実現することもあり得ます。実際、リッツカールトンというホテルや、ディズニーランドを経営するオリエンタルランドでは、お客さんに寄り添う社内教育を行うことによって、お客さんが思ってもいなかったサービスを実現でき、「魔法にかかったようだ」といわれます。魔法を実現する方法がわかっている人は、たとえその職場を離れても、さまざまな職場で、お客さんに感動体験を与えることができるようになります。

次に、「技」を育むことができる人はどうでしょうか。自分の心を理解できることはもちろん、他者の心にも触れることができ、それを表現することもできます。自分や他者の「状態」を理解し、表現することは、すなわち「想い」を表現することです。「教育設計図」を描くことはもちろん、自分の人生において何を目指せばいいのかを自覚でき、主体的に生きることができます。それはすなわち、未来を表現することでもあります。それに加えて、「技」を育むことができる人は、身体（カラダ）を使った感覚を研ぎ澄ませることができます。社会に出ると、どの分野にも「職人」と呼ばれる人がいます。

たとえば、鉄を加工する刀鍛冶と呼ばれる職人や、部品工場で働く技術者は、機械でもわからない、数ミクロンの厚さの違いを感覚で発見できるといいます。機械でも見過ごしてしまうような、ほんの少しの段差ですら、手先に違和感を感じるのでしょう。何も知らない人がこうした技術者の能力を見ると、まるで「鉄の声を聞く」ことができるように感じます。この感覚は、職人や技術者に限りません。たとえば、経験豊かな料理人がそうです。料理人によっては、「この野菜は、どんなふうに料理すればよいかは、野菜が教えてくれる」などという語り口がされることがあります。何も知らない人から見ると魔法使いのような言い方ですが、野菜を常に扱っていると、ほんのわずかな水分量の違いに気づくなど、身体感覚を研ぎ澄ませた経験を踏まえることによってこそ、「技」は身につくものなのです。

最後に、「体」は、社会に出てからはもちろん、主要教科にも良い影響を与えます。身体（カラダ）を通した体験から得られる学びは、教科書を見ただけでは無味乾燥なはずの「机上の空論」を、身体（カラダ）に落とし込むことができます。たとえば、教科書に載っている物理や数学の公式は、それを見るだけでは、何の意味があるのかがさっぱりわからないものです。ところが、グランドで野球をしているときに、ボールを遠くに投げるためには、高く投げ上げたほうがよいのか、それともライナーのような真っ直ぐのボールを投げるべきなのかを悩んだときに、コンピュータ・シミュレーションで、いろんな角度で遠くに飛ばす様子を見せられるとするとどうでしょうか。そして、それを解く鍵が、物理の「力学」で習った式のなかにあったとしたら、どうでしょうか。野球部で「センスがある」といわれる選手は、身体（カラダ）を通して自分なりに法則を見いだすものですが、そうしたとらえどころのない「センス」といわれるものが、実は物理の教科書で説明されているとわかると、教科書のなかからヒントを見いだして、体育と物理の両方が得意になる、ということも、十分あり得るのです。

実は、このように、自分の身体（カラダ）を通した経験からこそ学びが始まるということが、人間に特有の「学び方」であり、AIの行う機械学習との大きな違いなのです。AIには身体がなく、経験することができないので、多くのデータをインプットすること以外に学習する方法はありません。たった一度の身体経験によって身体（カラダ）にしみこむ学びができる人間は、身体（カラダ）を使うものであればあるほど、忘れられない学びになることはもちろん、そうした身体経験一つ一つが、たった一人の自分を形成するのです。

ここまで述べてきた通り、今の学校教育のなかには、「未来の教育設計図」を描き、変化の激しい現代社会を生きていくうえで、大事なことがふんだんに隠れています。すでに社会に出ている大人の一人ひとりが、「心」「技」「体」に照らし合わせ、自分のこれまでの人生を振り返ると、無自覚に過ぎ去ってしまった多くのことを思い出せるのではないでしょうか。社会に出て、他者と一緒に活動し、稼ぎを得て、生活できているということそれ自体がとても尊いことであり、自分自身が演じてきた人生のドラマなのです。そうした一つ一つに自覚的になることこそが「覚える君」から「考える君」になることであり、これまで部品として扱ってきた学校での学びを、教育設計図としてとらえ直す行為なのです。

最後に、自分のそして他者の「想い」がわかり、「未来の教育設計図」を描くことができる「考える君」の例として、よくいわれるものを紹介します。

今、木を切っている木こりがいるとして、その人に「何をしているの？」と尋ねたとします。そして、その人が「木を切ってるんだ」と答えるとすると、その人は将来、仕事を失うかもしれません。「木を切る」という仕事自体は機械に置き換えることで、より効率的になるからです。その一方で、その人が「すてきな住まいを作ってるんだ」と答えたとしたら、どうでしょうか。たとえ、木を切る仕事そのものがなくなったとしても、より極端にいうならば、家を作る仕事すらなくなったとしても、住む人が安らぎを得たり、働く意欲や創作意欲などをかき立てられたりするような、心を動かして「生きる」ことを支える仕事は、人がいるかぎりはなくなることはありません。それだけでなく、尋ねた人は「すてきな家に住みたいな」と思うたびに、その木こりのことを思い出すでしょう。

たくさんの人に「自分の仕事は、すてきな住まいを作ることです」と言っている木こりであれば、家を建てようとする人やリフォームする人が、「デザインをお願いすることはできますか」「アドバイスをいただくことはできますか」「家を紹介していただくことはできますか」などと、木こり自身が求めていなくとも、次々に仕事が生み出されます。自分のそして他者の「想い」がわかり、「未来の教育設計図」を描くことができる「考える君」は、実は、「ＡＩが仕事を奪う」という話とは無縁なのです。

5 一人の科学者が描いた設計図

さて「未来の教育設計図」のイメージを示すために、私がＮＥＣ中央研究所で、２００９年に「ブレイン・コンピューティング（脳型コンピュータ）」という、脳科学をベースにした新しいコンピューティング・システム（いわゆるＡＩ）の研究を立ち上げたときのことをお話しします。当時、ＡＩ研究というと、今の時代とは大きく異なり、ほとんどの研究者からは「うまくいくわけがない」と否定的な意見が多かったものです。

そこで、ＡＩや脳科学に関する研究分野を調査したところ、これらの分野を包括的に研究している研究者がいないということに気づきました。包括的な研究ができていないということは、偏った研究しかできていないということです。実際、ＡＩや脳のなかで最も重要な、生命としての知、すなわち本書のテーマでもある「生命知」にもとづくＡＩ研究を行っている人はどこにもいませんでした。そうしたことがわかり、それをまとめた分厚い「研究計画書」を作って配布したところ、とても興味深いと多くの賛同者が得られ、それをきっかけにして研究が本格的にスタートしました。

この研究計画書のなかには、図3-3に示したような研究領域の関係を示したマップや、研究領域の関係を示した年表と、それぞれの研究領域の詳細説明を盛り込みました。研究計画書の年表そのものは、当時のＮＥＣの研究戦略に関するものが含まれることもあり、ここに掲載することはできませんが、そのイメージを大まかに示したものが図3-4になります。

ここで大事なことは、非常に多くの学問領域がＡＩと関わりあっているにもかかわら

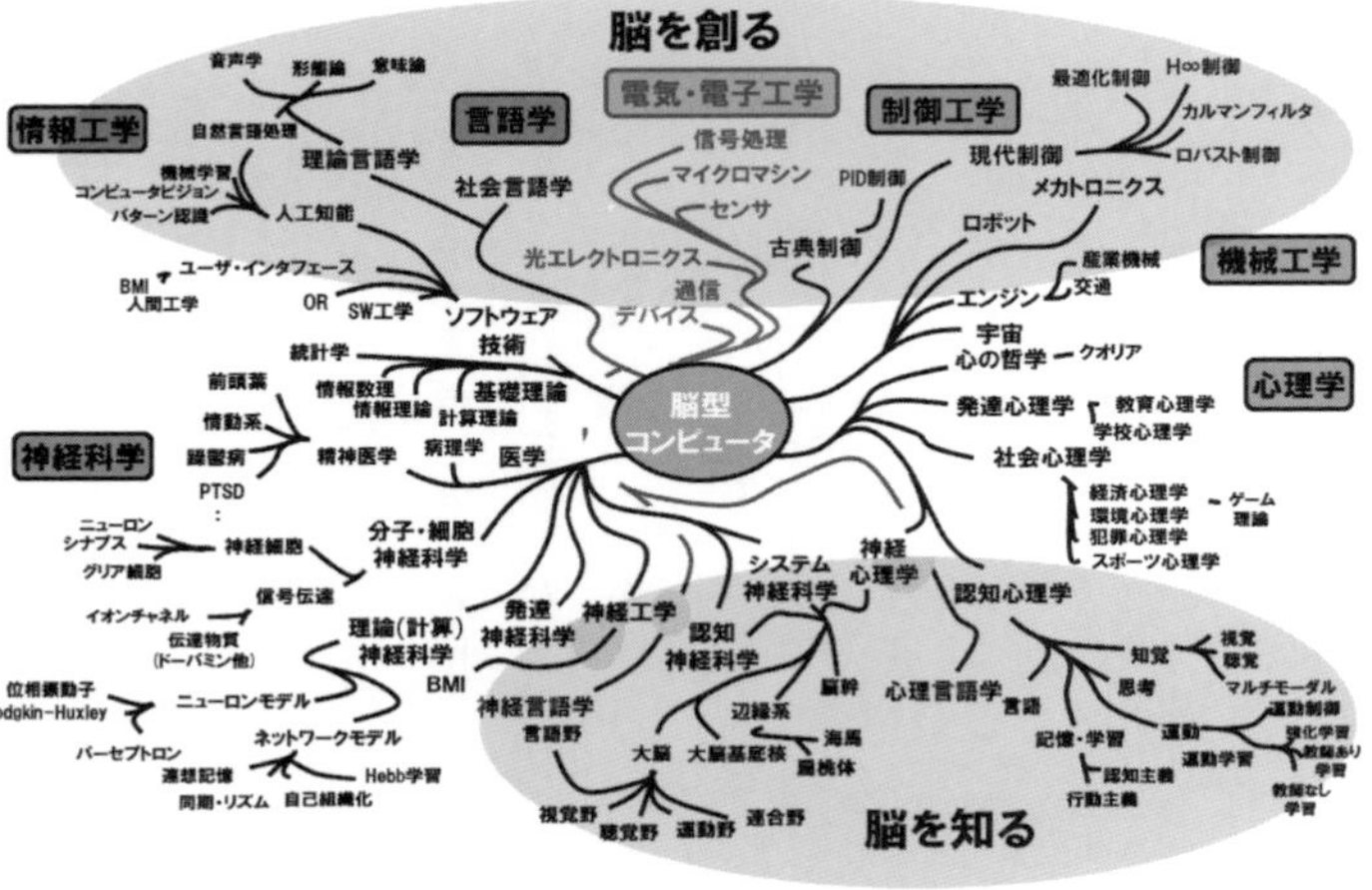

図3-3　「生命知」にもとづくAI研究のイメージマップ

ず、現在のＡＩ研究者は、そうした多くの学問領域とＡＩとの歴史的な関わりを総括しないまま、現在実現されている技術や、現存の学問だけを見て、「自分とは関係がない」として切り離してしまっているということがわかったということです。とくに、意外にも、昨今は脳研究とＡＩ研究との乖離が大きいという点や、脳や心の理解には、大乗仏教をはじめとする、古来の東洋や日本の文化が大きく関わっているという点は、大きな発見でした。このように関連領域を俯瞰すると、大きく視野が広がり、いくらでも研究テーマを設定することができます。

　これらの図や、ここから生まれた論文の構成（図３−５）には、私たちがこれからつくるべき「未来の教育設計図」の原型があると私

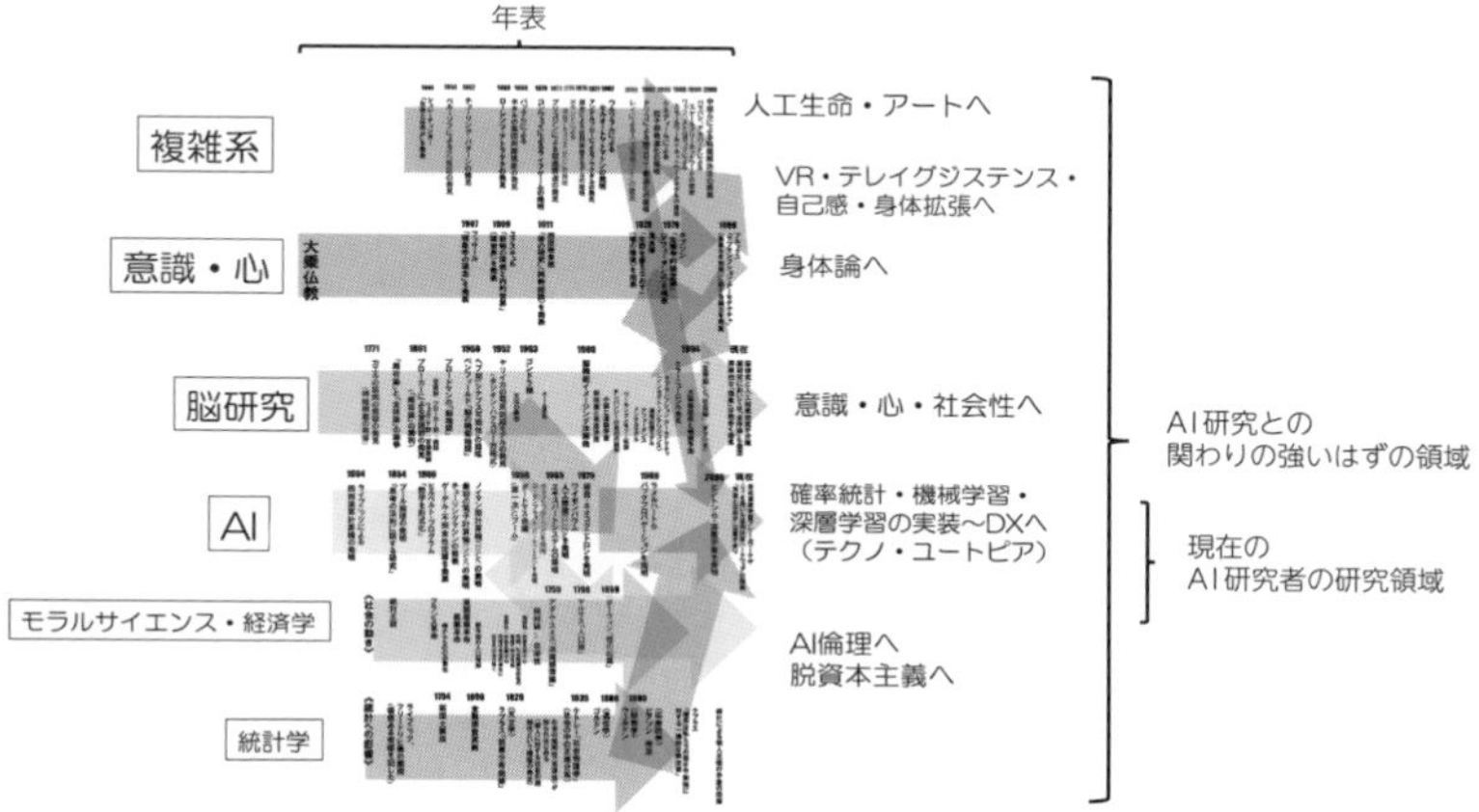

図3-4　研究計画書のイメージ図

は考えています。論文には、タイトルのすぐ下に「イントロダクション」というものが必ず含まれます。タイトルには、論文が示す発明や発見によって生まれる新しい世界観が含まれます。すなわちタイトルは、目指すべき世界観の提示、ということもできます。それと対になるように存在する「イントロダクション」は、歴史を総括するものであり、このイントロダクションに描かれる歴史の解釈がどれだけ説得力をもつかによって、論文の評価が左右されるといえます。

「歴史」といっても、社会科の授業で学ぶ戦国時代や江戸時代などの歴史のことではありません。タイトルで提示した世界観は、自分だけが描いたものではなく、先人である研究者たちも同様のことを考えていたはずのもの

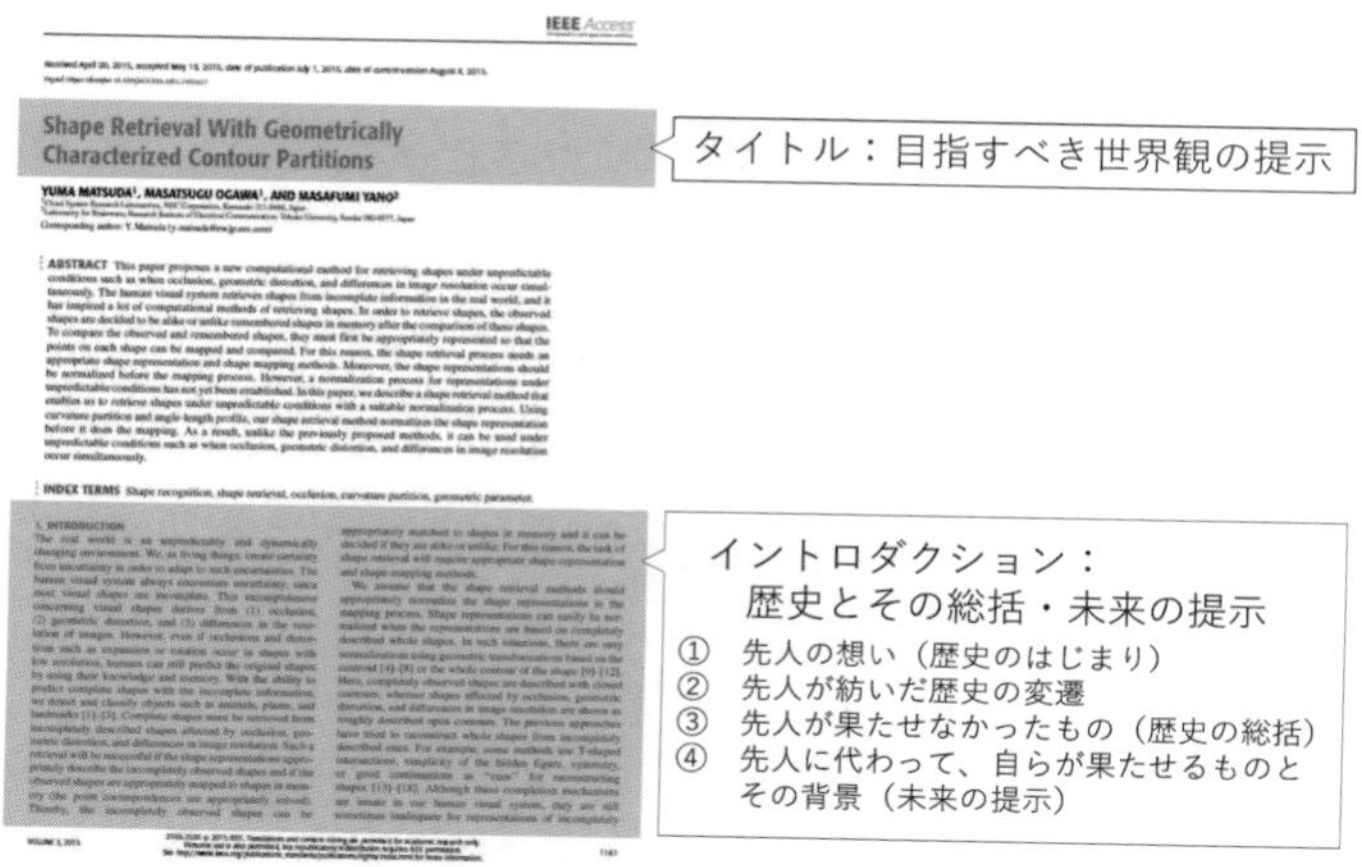

図3-5　「未来の教育設計図」の原型になる論文の構成

です。時代をさかのぼると、その世界観を描きはじめた、始祖ともいえる先人に出会えるはずです。その先人がどんな想いを抱き、どのような取り組みをしたのかが、「イントロダクション」で示す「歴史のはじまり」です。そして、始祖の提示した世界観を受け継いだ研究者たちは、その想いを引き継いだうえで、さまざまな取り組みを行ってきたはずです。そうした歴史の変遷を描き、それでもなお、果たせなかった想いがあるならば、それこそが歴史の総括として描かれるはずなのです。そして、先人に代わって、今、なぜ自分自身がその想いを果たせるのかを描くことそのものが、未来の提示になります。

「未来の教育設計図」とは、このように、

単に自分がやりたいことだけを書くのではなく、自分の想いを大事にしたうえで、その想いは、過去にも同じ想いを描いた人がいるはずと考え、歴史を総括していくことによって、今だからこそ、そして、自分だからこそ実現できるという、想いと現実を兼ね備えたものになるはずです。

もちろん、「未来の教育設計図」は、ＡＩの研究ではありません。しかしながら、自分自身が描いた未来の教育のあり方を、教育という枠にとらわれず、関連するすべての領域を平面のマップとして捉え、それぞれの領域の歴史という時間軸を加えた年表にすることで、立体的な視点で自分自身の想いを捉えなおすことができます。そうした立体的視点によって「イントロダクション」として総括を行ったうえで、それをまとめた提案書を描くことができたならば、その提案書には生命知が宿り、多くの人の共感を生むだけでなく、新しい実践的な取り組みとしての認知が広がり、その歴史を前に進めることができることでしょう。

たとえば、教育設計図を描くうえで、探究活動の必要性を説くのであれば、古くから探究活動を行ってきた自然科学系の研究者の思想や、ビジネスにおいて仮説を立てて検証していく「フレームワーク」といわれるビジネススタイルをはじめとする、探究活動というものを行ってきた関連領域をマップに配置し、それらの年表や関連性を総括することによって、今、必要な教育において必要な探究活動の輪郭が見えてくるはずです。「学校教育」という分野に長く携わっていると、どうしても、社会全体での「学校教育」の立ち位置が見えにくくなるものです。「未来の教育設計図」を描くなかで、関連するすべての領域を総括できたならば、「学校教育」の外側の、多様な専門分野が歴史の流れとともに混ざり合い、そこで描かれた教育は、人類の歴史そのものを一歩前に進めるものになり得るのです。

私の書いた研究計画書は、今でもNEC内において、AIを理解し、研究するうえでの羅針盤として使われていると聞きます。読者の皆さんのなかには、こうした研究計画書は、研究者であれば誰もが描くことができるのではないかという印象をもつ人もいるかもしれません。しかしながら、こうしたことを行う研究者はほとんどいないのです。

多くの研究者は、こうした多くの分野を包括的に調査するのではなく、一部の偏った分野の他の研究者が行っていることに近いことを研究します。そして、他の分野を結び付けて考えようとすることはめったにありません。その理由は、本書でこれまでお伝えしてきた通りです。

そうした研究者は、「覚える君」であり、本当は「部品」であるはずの、偏った一分野に縛られます。「木を切る」という研究があるとすると、そればかりを行おうとし、

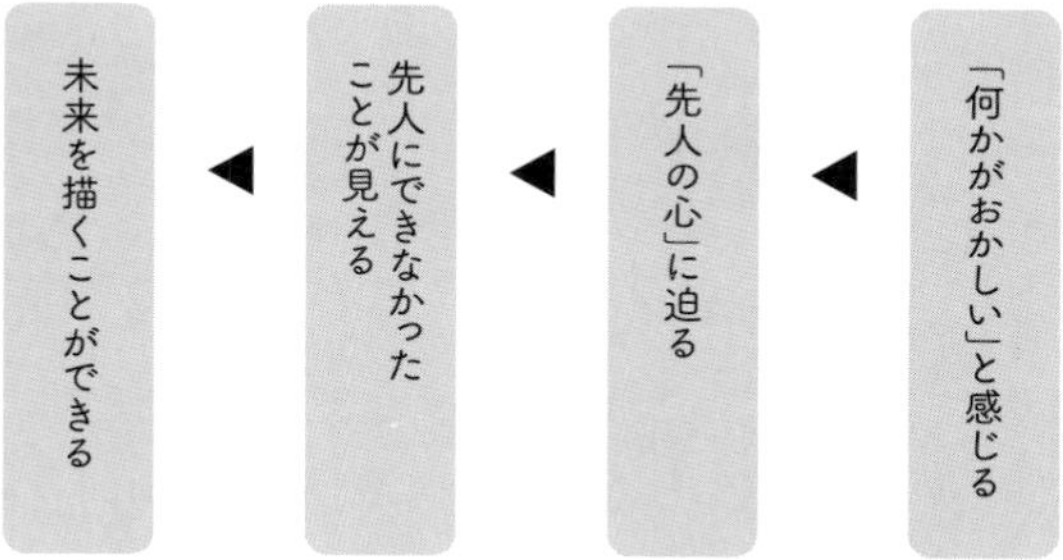

図3-6　自分の感覚を自覚し未来を描く

その社会での価値である「すてきな住まいを作る」ということに考えが及びません。そしてそれは、研究者でなくとも、どの分野であっても共通なのです。

この研究を立ち上げた際に、私が行ったことを図3-6にまとめました。まず、AIや脳科学に関する研究に触れたときに、「何かがおかしい」と感じたことがそもそものきっかけでした。

多くの読者のみなさんが感じていることかもしれませんが、ロボットやAIには、生命（いのち）を感じることができません。ところが、それらを研究している研究者たちは、「人間の学習能力を超えるロボットを開発した」「このAIこそが、人間の認識の仕組みを取り入れたものだ」「人間が外国語を学ぶプロセスは、AIが学習する仕組みにそっくりだ」などという言葉をよく口にします。たしかに、当時から人間に近い声で話すロボットや、人間よりも高速に処理を行う工作機械は数多く存在しました。ですが、ロボットやＡＩを見ても、生命（いのち）とはほど遠い感覚をもっていた私は、研究者たちの感覚に対して、強い違和感を覚えていました。多くの研究者たちのようには、私には、ロボットやＡＩに、「生きている」感覚を覚えることができなかったのです。これは、私が中国に留学し、中国語を身体（カラダ）で身につけた経験や、英語を使って諸外国で友人と想いを語り合った経験があるからこそ、感じたものかもしれません。「人間なら、もっとリズミカルに、身体（カラダ）を使って学ぶことができるのに」などと、おぼろげながらに感じたものです。

そうした「何かがおかしい」という感覚を抱きながら、過去にＡＩ研究を行った先人の書いた本などを読むと、その考え方の違いに気づかされます。あるいは、自分と同様に、生命（いのち）を感じようと奮闘した先人たちにも気づかされます。そうした先人の足跡をたどっていくうちに、なぜ、その先人たちが挫折したのか、今の時代だったらどんなことができるかが見えてきます。その瞬間こそが、未来を描くことができる時です。

すでにお伝えしたように、私は、学校教育に携わる人たちだけでなく、未来に希望を感じたいすべての人たちに「未来の教育設計図」を描いてみてほしいと思っています。

今、社会に出て、仕事をしてお金を稼いでいるということそれ自体が、誰かの人生を支えているということであり、それは、これから社会に出る子どもたちが、最も大事にすべきことです。あなたがすでに、社会に出ているとするならば、誰の人生を支えているのか、その人たちは、あなたの仕事に対してどれほど感謝しているのかを知り、伝えていくことは、とても大きな価値があります。さらにいうならば、あなたの仕事は、決して何もないところから生み出されたものではないはずです。今の仕事は、それを生み出した先人たち、そして、受け継いできた先人たちから授かったもののはずです。そうした、はじまりとなった人たちに想いをはせ、できることならその人たちが書いた本を読んだり、直接お話が聞けるなら、聞いてみてください。きっと、あなたが自覚できていない「すてきな住まいを作る」に似た想いに気づかされるはずです。

あまり語られることはないのですが、先人たちの心に触れようとすることは、社会では、大きな力を発揮するきっかけとなります。アイザック・ニュートンの遺した言葉の一つに、「巨人の肩の上に立つ」というものがあります。これは、自分自身はちっぽけな人間だったとしても、巨人の肩の上に立つと（先人の心に迫ると）、巨人が見ていた見晴らしのよい景色を見ることができ、未来を見通すことができるということなのです。

6 未来へのはじめの一歩を踏み出そう

さて、本書での「未来の教育設計図」を描く物語は、そろそろ終わりが近づいています。私の好きな言葉の一つに、ソクラテスの遺した「世界を変える人は、自分自身が変わることができる人だ」というものがあります。本書を通して、「未来の教育設計図」を描くことのできる人が増え、その結果として、日本の教育が見違えるものになり、子どもたちの未来、ひいては私たちの未来が明るくなることを望むのであれば、まず、自分自身が行動を起こさなければなりません。そこで、大迫さんと私は、学校教育を変革する仲間を募り、新しい時代の教育を生み出すためのコンソーシアムを企画することにしました。

コンソーシアムでは、私をはじめとする多くの科学者が、学校教育に携わるすべての人たちと一緒に生命知について学び、自らの生命知、そして、想いを自覚できる場をつくります。それは、学校内の、ひいては学校の外側を含めた学校を取り巻く生命知を集めることでもあります。それぞれの人の生命知に触れ、「未来の教育設計図」を見せ合

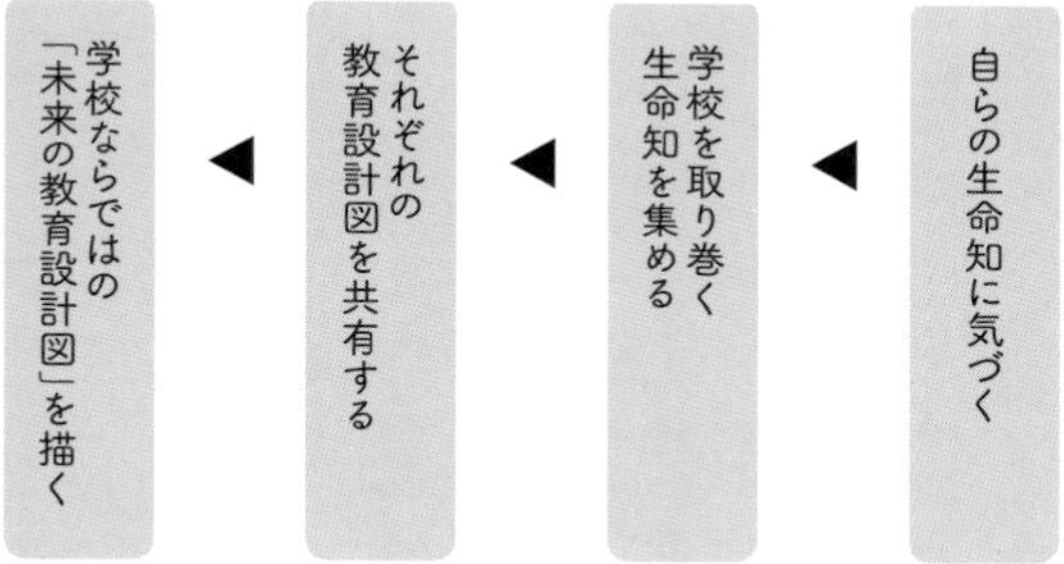

図3-7　生命知への気づきから「未来の教育設計図」へ

うことで、お互いが刺激され、やがては「未来の教育設計図」が「想い」から実行可能な「計画」になっていきます。それこそが、その学校ならではの、「未来の教育設計図」が描かれた瞬間です（図3−7）。

こうしたプロセスは学校単位で行ってもよいですが、一つの学校だけでなく、多くの教育者が集まるほど、視野が広がることでしょう。もちろん、これは、いわゆる学校教育に携わる人たちだけにとどまりません。大迫さんのおっしゃる「学校の枠にとらわれない学校」、すなわち、私塾やフリースクールやオルタナティブスクールといった場に携わっている人、地域で子どもたちと関わっている人など、さまざまな人が携わることで、そこで描かれる「未来の教育設計図」は活力が得られます。

これは、日本の学校教育そのものを変革するチャレンジでもあります。変革は、決して一人の力では実現できません。たとえ一人の力は小さくとも、そうした力が引き起こすうねりによって、時代は大きく変化すると、私は考えています。読者のみなさんにも、変革を担う一人としての参画をお待ちしています。

7 たった一人の子のために

大迫弘和

教育界にスターはいりません。教育はビジネスでもサービスでもありません。教育はミッションです。縁あり出会ったたった一人の子から「先生がいてくれてよかった」と言ってもらえたらそれでよい。それが先生という仕事です。

最後はやはりそのような原点に一緒に立てるのが真の仲間だと思っています。そのような方々と「未来の教育設計図」を具体化していくことができればと思います。

この第3章で松田さんが示されたように、松田さんと私（大迫）はムーブメントを開始します。松田さんは第1章で書かれているさまざまな活動をすでにされています。松田さんにとっては新たな一歩となるムーブメントになるものです。私は私でこれまでの経験を大いに生かしてみたいと思います。人の人生というものはそのすべてがユニークであり、ユニークでない人生なんてないと思いますが、私のこれまでの歩みもまたそれなりにユニークなものであったと思っていますので、とにかくそのすべてを注ぎ込みたいと考えています。

ＡＩの進化が人間とは何かを問うています。神の啓示のような問いです。これからの教育はその啓示に導かれるように歩んでいくことになるでしょう。

教育がＡＩでもできる、いえＡＩのほうが勝る能力の育成ばかりに力を入れている現実のなか、私たちは「教育とは何か」という原点に立ち返り、教育の基本的使命を改めて問わなければなりません。「意味」や「価値」がわかるものとしての「人間」を育てる教育のことを。

おそらくよい教育の形はどこかよく似ています。聖典と呼ばれるものがそうであるように。それを求めていきたいと思います。

本書の最後に「未来の教育設計図」が目指す目標のなかでも最も大切なことを書いて

おきます。

助けを必要としている人がいたら力を貸す人を育む。

本書を松田さんと書き進めていたのはロシアがウクライナ侵攻を続けていた時でした。

おわりに

ロシアによるウクライナ侵攻のニュースが連日のように目に飛び込んでくる昨今、何もできない自分自身をもどかしく思いながら、この原稿を書いています。いつの時代も、まっさきに犠牲になるのは、弱者と呼ばれる人々です。そして、まだ社会に出て自立する力を手にしていない子どもたちは、その代表といえます。子どもたちの未来は、私たちすべての未来です。子どもたちの未来を奪うことは、私たち人類すべての未来を奪うことにほかなりません。

私（松田）は、研究者として、子どもたちの未来に少しでも貢献できればという想いはもちろん、子どもたちとの出会いを通して、研究者である自分自身の未来への可能性を広げることができればと、交流の機会を増やしてきました。これまで、自分自身で科学実験イベントを主催したり、学校に招いていただいてＡＩ研究者としての話題を提供したりすることはもちろん、子育て世代向けのラジオ番組のパーソナリティーを務めるなど、研究者だからこそできる教育活動を行ってきました。そうした活動があってこそ、大迫弘和さんとの出会いがありました。

当初、本書は、一冊の本として世に出す予定ではありませんでした。大迫さんと私の考えを簡単なブックレットのような形式にまとめ、学校教育に携わる先生方に配って賛同者を募り、第3章で触れたコンソーシアム構想を形にしようとしたのが最初のきっかけでした。そして、この構想を日本標準の郷田栄樹さんにご相談したところ、この内容は一冊の単行本とすべきだというご助言をいただき、大迫さんと二人で一念発起した結果、本書が出来上がりました。郷田さんの微に入り細を穿つ采配があってこそ、大迫さんとの異色のコラボレーションが実現しました。

本書をまとめるにあたり、最も重要なご意見をくださったのが、「生命」の研究に生命誌という新しい知で取り組んでいらっしゃるJT生命誌研究館名誉館長の中村桂子先生です。中村先生には本書を草稿ともいえる段階でお目通しいただき、大迫さんと私のコラボレーションにおいて何が大事かを次々に指摘していただきました。中村先生の貴重なコメントがなかったならば、大迫さんも私も、本書を納得できる一冊として世に送り出すことはできませんでした。

本書の主題でもある「生命知」を教育論として世に出すことは、私の悲願でした。「生命知」を提唱した東京大学名誉教授の清水博先生は、私の大師匠であり、研究者としてだけではなく、人生の師として、多くのことを教えていただきました。そして、「生命知」にもとづくコンピュータ・サイエンスの哲学を教えてくださった私の直接の師匠である東北大学名誉教授の矢野雅文先生からも、生きるうえで大事なことを教えていただきました。そうした先生方の教えを自分なりに読み解きながら、令和の時代を生きるために必要な考え方を、本書に詰め込みました。それができたのは、生命知に通じるご自身の哲学にもとづいた教育活動を展開されてきた大迫さんと一緒に濃密なディスカッションの時間を過ごすことができたからこそです。

教育論としての本書が生まれるまでには、教育現場での数多くの活動がヒントになっています。大迫さんには40年以上にわたる教育現場での、ある意味前人未踏とも言えるさまざまな貴重なご経験があることをみなさんは本書から読み取られているはずですが、私にとって原点ともいえる経験は、前職であるＮＥＣに入社したばかりの頃に川崎市立東菅小学校と一緒に行った、人が入れる巨大シャボン玉を作る取り組みをはじめとした、科学実験イベントでした。その活動をきっかけに、学校の先生方やＰＴＡのみなさんはもちろん、多くの小学生とも触れ合うようになりました。

社会に出ているプロフェッショナルが日々向き合っている「問い」を小学生と共有す

る場をつくる一般社団法人「こたえのない学校」の藤原さとさんとは、私が開発したＡＩを遊びながら理解するカードゲームを使って、「ＡＩは人類を幸せにするのか」という問いを多くの小学生と話し合うチャレンジを行いました。小学生は、言葉や表現さえ噛み砕けば、大人と同じ内容を理解できるだけでなく、一度理解してしまえば、大人顔負けのディスカッションを自分たちで始めるというのは、研究者としての私の世界観を大きく広げてくれました。

こうした考え方は、「すべての学習に教養と哲学を」というコンセプトを掲げる知窓学舎という学習塾を運営しながら不登校をはじめとする多くの社会問題と向き合う矢萩邦彦さんをはじめとする先生方との交流を通してさらに深まりました。また、高校生向けのスタートアップ（ベンチャー企業を興す）経験イベントであるStartupBaseU18を主催する森真悠子さんからは、次々にアイデアを生み出す高校生の活力を目の当たりにしたのはもちろん、多くの高校生は、学校の先生と両親以外に大人と出会う機会がなく、普段の生活だけでは価値観が大きく狭まってしまうという問題を、高校生と触れ合うことで共有しました。本文で紹介しました学校へのデジタル変革を行う株式会社アメグミ代表取締役ＣＥＯの常盤瑛祐さんとのディスカッションからも、多くの学びを得ました。

ほかにも、数えきれないほど多くのみなさんとの出会いが、本書につながっています。

さらに私の個人的な謝意として書かせていただくならば、株式会社山野楽器をはじめとする多くの音楽教室や中学校・高等学校の部活動でトランペットを教える仕事に従事する妻の松田真衣（河野真衣）や、学校で教鞭を執る先生方にも、本書の原稿を読んでいただき、多くの貴重な意見をいただきました。私とともに株式会社オンギガンツの次世代育成活動を牽引し、学生塾を運営している執行役員の大河内一州さんの多くの意見も、本書をまとめるうえで役立ちました。

そして、これからは、本書をきっかけに出会うであろう多くのみなさんと、「未来の教育設計図」を交わし合い、無限に広がる未来へ向かっての時間が動き出すことを楽しみにしています。「未来の教育設計図」を描く活動がはじまれば、そうした学びが至る所で起こり、子どもたちの未来は、想像できないほど、エキサイティングなものになるはずです。まだ見ぬさまざまな出会いを楽しみにしつつ、本書の物語の幕はいったん閉じたいと思います。

２０２２年７月５日

松田雄馬

【参考文献】

〈第1章〉

・河合俊雄編、河合隼雄著『心理療法序説』岩波現代文庫、2009年。
・蔵本由紀『非線形科学』集英社新書、2007年。
・佐藤昌宏『EdTechが変える教育の未来』、インプレス、2018年。
・清水博『生命知としての場の論理――柳生新陰流に見る共創の理』中公新書、1996年。
・ハワード・ラインゴールド（日暮雅通訳）『新・思考のための道具　知性を拡張するためのテクノロジー――その歴史と未来』パーソナルメディア、2006年。
・松田雄馬『人工知能の哲学』東海大学出版部、2017年。
・松田雄馬ほか『デジタル×生命知がもたらす未来経営――心豊かな価値創造を実現するDX原論』日本能率協会マネジメントセンター、2022年。
・ミン・ゾン（土方奈美訳）『アリババ――世界最強のスマートビジネス』文藝春秋、2019年。
・ラウル アリキヴィ（前田陽二訳）『未来型国家エストニアの挑戦――電子政府がひらく世界』インプレスR&D、2016年。

〈第2章〉

・梅原猛『人類哲学序説』岩波新書、2013年。
・清水博『〈いのち〉の自己組織――共に生きていく原理に向かって』東京大学出版会、2016年。
・ジョーゼフ・ジョルダーニア（森田稔訳）『人間はなぜ歌うのか？――人類の進化における「うた」の起源』アルク出版企画、2017年。

〈第3章〉

・多賀厳太郎『脳と身体の動的デザイン――運動・知覚の非線形力学と発達』金子書房、2002年。
・矢野雅文『科学資本のパラダイムシフト』文化科学高等研究院出版局、2021年。

大迫弘和（おおさこ ひろかず）

日本を代表する教育者の一人。詩人。1953年東京生。東京大学文学部卒。国際バカロレア（IB）教育関連の文部科学省委員、都留文科大学特任教授、武蔵野大学教育学部教授、千里国際学園中等部高等部校長／学園長、千代田インターナショナルスクール東京学園長などを歴任。著書に『アクティブ・ラーニングとしての国際バカロレア』（日本標準）、『詩集　定義以前』（遊行社）など多数。

松田雄馬（まつだ ゆうま）

博士（工学）。株式会社オンギガンツ代表取締役。一橋大学大学院（一橋ビジネススクール）非常勤講師。AI・脳科学研究者であり起業家。1982年徳島生まれ、大阪育ち。京都大学工学部を卒業後、同大学大学院情報学研究科修士課程修了。東北大学大学院工学研究科にて博士号を取得。著書に『人工知能の哲学』（東海大学出版部）、『人工知能はなぜ椅子に座れないのか』（新潮選書）など多数。

生命知にもとづく「未来の教育設計図」を共に描いていく活動に興味・関心のある方は下記まで、お名前・ご所属を明記のうえ、ご連絡ください。
一般社団法人Learning for Life研究所（所長：大迫弘和　代表理事：松田雄馬）
連絡先：info@lfl-lab.org

未来の教育設計図　AI時代にこそ「生命知」を羅針盤に

2022年8月20日　第1刷発行

著　者――大迫弘和
　　　　　松田雄馬
発行者――河野晋三
発行所――株式会社 日本標準
〒350-1221　埼玉県日高市下大谷沢91-5
電話　04-2935-4671
FAX　050-3737-8750
URL　https://www.nipponhyojun.co.jp/
印刷・製本――株式会社 リーブルテック

ISBN 978-4-8208-0729-2